APRENDIZ-SETE

O Filho de Ogum

Conforme Novo Acordo Ortográfico

Rubens Saraceni

APRENDIZ-SETE

O Filho de Ogum

MADRAS®

Editor:
Wagner Veneziani Costa

Produção e Capa:
Equipe Técnica Madras

Revisão:
Neuza Alves
Roseli Fátima Gonçalves

Dados Internacionais de Catalogação na Publicação (CIP)
(Câmara Brasileira do Livro, SP, Brasil)

Aprendiz Sete: o filho de Ogum [psicografado por] Rubens Saraceni.
4. ed. — São Paulo : Madras, 2013.
ISBN 978-85-370-0563-7
1. Mediunidade 2. Psicografia 3. Romance
brasileiro 4. Umbanda (Culto) I. Saraceni, Rubens.
II. Título.
10-00989 CDD-299.672
Índices para catálogo sistemático:
1. Romance mediúnico: Umbanda 299.672
2. Umbanda : Romance mediúnico 299.672

MADRAS EDITORA LTDA.
Rua Paulo Gonçalves, 88 — Santana
CEP: 02403-020 — São Paulo/SP
Caixa Postal: 12183 — CEP: 02013-970 — SP
Tel.: (11) 2281-5555 — Fax: (11) 2959-3090
www.madras.com.br

Apresentação

Ler o *Aprendiz Sete* é mais que um ato de lazer, é um aprendizado ímpar sobre realidades paralelas à Dimensão Humana da vida.

Neste livro, os leitores "viajarão" com o personagem a outros meios da vida e vivenciarão, por meio da leitura, algumas das mais preciosas teorias da Física Quântica que, aqui, têm uma explicação racional romanceada.

Se essas teorias da Física Quântica, no nosso plano material, ficam mais restritas a um campo do pensamento, porque ainda não é possível comprová-las na prática, no entanto, em nível espiritual e acompanhando a caminhada do personagem, algumas delas tornamse tão claras e compreensíveis que o seu entendimento torna-se acessível a um leigo nesse assunto.

Se digo isso, é porque nada entendo de Física Quântica e, no entanto, após vários dos meus alunos alertarem-me para o fato de que eu, ao ensinar magia, estou me servindo da Física Quântica e que em vários dos livros psicografados por mim ela esta presente, procurei ler algo a respeito.

Eu havia ganhado de uma aluna de magia um livro cujo título é *O Universo Elegante*, de Allan Gneene, e logo depois ganhei outro, de Estephen Hawking, cujo título é *O Universo em uma Casa de Nóz*. Ao lê-los surpreendi-me, pois os comentários na abordagem de certos assuntos eram os mesmos que eu fazia durante minhas aulas, ainda que disso eu não tivesse a menor ideia.

Eu falava de um universo cortado em todas as dimensões por ondas vibratórias que são a base da criação, e nos livros deles tudo isso estava colocado de forma científica.

Eu falava em portais multidimensionais, e eles comentavam a respeito da possibilidade de eles existirem.

Eu falava em universos paralelos, e eles comentavam a possibilidade da existência deles.

Eu ensinava sobre os "Fatores de Deus" como a menor partícula da matéria e de onde tudo se inicia em nível material, e eles comentavam a respeito de "pacotes quânticos".

Eu ensinava sobre os símbolos sagrados, dizendo aos meus alunos que eles se originam do micro para o macro a partir das ondas vibratórias e, para espanto meu, vi nos livros deles desenhos de "ondas quânticas" idênticas às que eu já ensinava há vários anos, e como os meus alunos usam-nas na "Magia Riscada ou Simbólica".

E muitas outras coisas mais eu encontrei em comum com o que comentavam Allan Gneene e Stephen Hawking, dois dos mais renomados físicos da atualidade, inclusive a interação das tais ondas fracas e fortes, a possibilidade de alcançarmos outras realidades, etc.

Ler esses dois livros foi um prazer e uma sucessão de descobertas, já que não creio na existência de coincidência ou acasos, e o que ficou em minha mente é que na criação tudo evolui ao mesmo tempo, pois se a física já evoluiu tanto desde Isaac Newton, a magia também sofreu um enorme "salto quântico" e qualitativo desde que eu recebi autorização para ensinar a "Magia Divina" às pessoas.

"A Magia e a Alquimia têm ordem direta com a Física e a Química," ensinavam-me os meus mestres-magos espirituais, "estude-as e você facilitará as coisas para nós", pediam-me eles desde 1983. E eu só respondia-lhes que eu gostava era da Magia, não de Física ou de Química.

Hoje, eu vejo que eles teriam tido suas missões junto a mim muito facilitadas caso eu tivesse dado ouvidos aos seus conselhos porque, em dezembro de 2002, após eu ler os dois livros aqui citados, de físicos renomados, descobri que a ciência física estuda as leis "materiais" que regem a criação, e a magia estuda e trabalha com as leis espirituais dessa mesma criação.

Portais dimensionais, universos paralelos, buracos negros, super cordas, pacotes quânticos e expansão do Universo, dimensões temporais e atemporais, passagem de uma realidade para outra, micro partículas energéticas, viagens no tempo, ondas vibratórias, etc., se são assuntos da Física e da Astronomia e de difícil aprendizado para quem não estudou essas matérias, no entanto serão aprendidas naturalmente por quem ler o *Aprendiz Sete* e, com toda certeza, ao se depararem com a leitura dos comentários desses dois autores renomados dirão: "Ah! Já li sobre isso em um livro do Rubens Sareceni, no qual tudo isso estava colocado de forma mais fácil de entender, principalmente porque nele tudo é descrito como realidades espirituais e no dos cientistas essas coisas são mostradas como possibilidades teóricas ainda a serem comprovadas pelas gerações futuras".

Amigo leitor, posso não entender nada ou só um pouco de Física, mas sei detectar muito bem quando as coisas são análogas. Descubra você também como na criação tudo evolui paralelamente.

Descubra como o "Aprendiz Sete", que é todos nós, espíritos em evolução, desloca-se de um universo para outro com mais facilidade que os físicos teóricos o fazem por meio de suas maravilhosas teorias.

Eles, porém, "esquentam a cabeça" para desenvolverem-se, e aqui, você entenderá espairecendo sua mente e abrindo, num genuíno "salto quântico", sua compreensão das muitas realidades ou universos paralelos do nosso divino Criador.

Tenho certeza de que, após a leitura deste romance iniciático e mágico, você lerá Allan Gneene e Stephen Hawkins com facilidade e com prazer. Mas, caso já os tenha lido e ficado com a "cabeça quente", após ler o Aprendiz Sete, dirá: "Putz, então era isto que aqueles comentários de física estavam dizendo!!!".

Tenham uma boa leitura e recebam com este livro um forte e "quântico" abraço desse vosso irmão, também um "Aprendiz Sete".

Cordialmente,
Rubens Saraceni

O Despertar de um Guardião da Vida

Eu, há alguns anos, estava agregado a uma escola astral na qual os espíritos se preparam para poderem atuar como Guardiões da Lei e da Vida.

Muito já havia aprendido quando vivera no lado material da vida, onde fora um médium.

E muito mais estava aprendendo quando uma angústia inexplicável começou a vibrar em meu íntimo.

Às vezes eu faltava às instruções dos espíritos-mestres e volitava até algum lugar no plano material, onde me punha a contemplar um espaço vazio à minha frente, ansiando por uma manifestação supra-humana em minha vida. Captava vibrações desconhecidas por mim e as interpretava como um chamado.

Mas nada acontecia, e mais aflito eu retornava ao meu aposento, onde eu dava vazão à minha dor chorando, chorando e chorando... em silêncio para não chamar a atenção dos meus mestres ou dos meus irmãos que ali também se preparavam para se tornarem Guardiões da Lei e da Vida.

Quando eu aparecia nas aulas de instruções, ninguém me perguntava nada, nem mesmo os mestres.

Mas sabia que esperavam que eu revelasse a causa da minha angústia e do meu isolamento, cada vez mais visível e acentuado.

Como nada comentava, eles respeitavam meu silêncio e tentavam retirar-me do meu isolamento, convidando-me a acompanhá-los em algum aprendizado junto dos espíritos encarnados.

Às vezes acompanhava-os só para não sucumbir ante aquela aflição que me oprimia e desmotivava.

Numa das nossas descidas ao plano material, fui conhecer um Centro Espiritualista e, como futuros guardiões, fomos designados para vigiar o afluxo de espíritos que para lá convergiam durante as sessões de trabalhos espirituais.

A mim, o mestre-instrutor confiou a vigilância da entrada daquele centro, onde vários guardiões já iniciados montavam guarda.

Havia guardiões da direita e da esquerda. E eu, curioso, fiquei a contemplar algumas guardiãs da esquerda que exibiam formas femininas exuberantes por cima dos seus corpos etéreos deformados.

Aquele mistério me fascinou e passei a maior parte do tempo contemplando-as e, porque não dizer, flertando com algumas delas, já que, agindo assim, eu conseguia olhar em seus olhos e avançar através delas, vendo-as como eram realmente por trás daqueles corpos etéreos deformados por causa de suas distorções conscienciais e quedas vibratórias emocionais. Ali sim, estava um mistério que valia a pena estudar e aprender um modo de ajudá-las a despertarem para a evolução.

Esse meu comportamento, incomum em um Guardião da Lei e da Vida, não passou despercebido ao meu superior, que, quando retornamos à nossa morada, censurou-me pela minha dispersão com coisas tão vãs.

— Mas elas não são vãs, mestre! — justifiquei-me.

— Você ainda não conhece o mistério daqueles espíritos femininos, filho amado. Se conhecesse, não as olharia como olhou e não sustentaria os olhares delas, que podem fascinar alguém tão facilmente como plasmam aquelas formas femininas, tão atraentes quanto falsas.

— Mestre, aquelas aparências plasmadas são atraentes, mas não são nada se comparadas às formas que eu via no fundo dos olhos delas quando olhavam nos meus olhos.

— Você ficou maluco, meu filho?

— Eu não, mestre. Apenas estou dizendo que aquelas formas plasmadas não se comparam às que vi no fundo dos olhos delas. São tão perfeitas que elas, sim, encantam meus olhos!

— É, você não está no seu juízo normal, meu filho. Será que não percebe que elas o estavam fascinando para subjugá-lo por meio do desejo e escravizá-lo?

— Elas não fizeram isto, mestre!

— Fizeram sim, meu filho. E você se deixou fascinar como um tolo, desmerecendo tudo o que já lhe ensinamos desde que aqui chegou.

— Mas mestre...

— Desperte desse fascínio, meu filho!

— Está bem. Comportei-me como um tolo, não?

— Comportou-se sim. É melhor não levá-lo novamente em nossas descidas até que o mistério daqueles espíritos tenha sido ensinado a você.

— Eu o ouço e obedeço, mestre iniciador, desculpe minha falha de conduta.

— Não se censure, meu filho. Você está aprendendo, e casos como este não são incomuns. Apenas medite, está bem?

— Sim, senhor. Obrigado por me alertar, mestre.

— Até mais, meu filho!

— Até, meu pai.

Após ele sair do meu quarto, comecei a refletir sobre o que havia me alertado... e sobre o que tinha visto no fundo dos olhos daquelas guardiãs da esquerda e, não sei como ou por quê, ao lembrar-me de uma delas, comecei a vê-la com se estivesse bem à minha frente.

Então, não estando realmente frente a frente com ela para ser fascinado ou hipnotizado, voltei a olhar no fundo dos olhos dela e tornei a ver uma silhueta feminina que pouco a pouco foi se tornando cada vez mais nítida, a ponto de eu vê-la por inteiro, como se estivesse bem à minha frente.

Após contemplá-la demoradamente, sacudi a cabeça e desviei minha mente para outra daquelas guardiãs da esquerda, e tudo se repetiu.

E o mesmo consegui com todas, inclusive algumas com as quais não havia trocado olhares, mas me lembrava delas.

— Que estranho! — murmurei para mim mesmo. E assustei-me quando uma mestra-anciã perguntou-me:

— O que lhe parece estranho, meu filho amado?

— O quê?... Como... a senhora entra assim no meu quarto, sem ao menos se anunciar na porta?

— Ora, a porta do seu quarto está toda aberta! Como vi você contemplando o vazio à sua frente, entrei.

— Está certo. Eu... a senhora...

— Vamos, meu filho! Revele-me o que você achou tão estranho para que eu possa esclarecê-lo... se me for possível.

— A senhora não entenderia, amada mestra.

— Apenas o ouvindo saberei se o entendo ou não.

— Não. A senhora não entenderia. Portanto, deixemos este assunto para a conta do inexplicável, está bem?

— Não está não, meu filho. Eu vim saber de você a razão de ter-se deixado fascinar por algumas guardiãs da esquerda daquele centro dirigido por mim no seu lado espiritual.

— A senhora é a dirigente e mentora daquele centro?

— Sou. Mas não desviemos do assunto que me trouxe até você, está bem?

— Sim, senhora, mestra amada. — Respondi-lhe olhando-a nos olhos... e já começando a ver uma silhueta feminina no fundo deles.

Fiquei tão absorto com o que via, que nem a ouvi chamar-me várias vezes. E só voltei a sair daquele transe quando ela sacudiu meus ombros e gritou no meu ouvido direito, trazendo-me de volta à realidade.

Então eu, na mais pura inocência, disse-lhe:

— Mestra, a senhora é tão linda quanto aquelas irmãs guardiãs da esquerda que servem seu centro!

— O que está acontecendo você, meu filho? Enlouqueceu?

— Por que a senhora diz isso?

— Você não percebe o que acabou de dizer-me?

— Mas eu só disse que a senhora é tão linda quanto...

— Cale-se! Por acaso você está me comparando àquelas nossas irmãs que regrediram em alguns sentidos?

— Não senhora! Só estou dizendo o que vi no fundo dos seus olhos.

— Você ficou tão fascinado pelas exuberantes formas plasmadas por aquelas nossas irmãs menos evoluídas, que agora começa a vê-las nos meus olhos. Você foi hipnotizado por elas, está fascinado e obsecado por suas formas plasmadas!

— Não, senhora. Eu a vi no fundo dos seus olhos!

— Cale-se! Você está se perdendo pelo fascínio do sensualismo. Ou você não percebeu como ficou alterado enquanto olhava para elas, e agora está outra vez, enquanto olha nos meus olhos.

— Não estou alterado! Não, senhora! Só lhe digo que a vejo tão linda quanto...

— Olhe-se, meu filho que se perdeu! — Atalhou-me ela. E eu me olhei e, de fato, me vi alterado, muito alterado! Era tão visível e ostensiva a minha alteração que me senti envergonhado e muito constrangido. Pedi-lhe licença e volitei para um lugar já conhecido por mim no plano material.

Sem entender o porquê de não ter percebido minha alteração energética, ao ver aquelas formas femininas perfeitas, minha agonia voltou com força redobrada e me senti tão sufocado que só a muito custo o meu desespero explodiu na forma de um pranto dolorido.

Chorei por um longo tempo e só me acalmei um pouco quando a amada mestra surgiu ao meu lado e, paciente como só ela é, consolou-me com amor e compreensão, dizendo-me:

— Filho amado, você não tem controle sobre certas reações naturais do seu íntimo. Elas afloram em qualquer um e nos subjuga porque é o nosso íntimo querendo falar conosco através do nosso corpo energético.

— O que o meu íntimo está tentando dizer-me, amada mestra?

— Essa sua alteração não cedeu, mesmo você estando agoniado e aos prantos. Isto não lhe diz nada?

— Não entendo o que está acontecendo comigo. Isto não é normal em mim.

— Entendo, meu filho. Algo que estava oculto em seu íntimo aflorou quando você se deixou fascinar pelas aparências plasmadas daquelas guardiãs.

— Não foi a aparência delas que fez isto comigo. O mesmo que vi no fundo dos olhos delas, vi no fundo dos seus, e não havia me apercebido de que ficava excitado com a beleza e perfeição das formas femininas que via. Desculpe-me, amada mestra! Saiba que a respeito muito e estou envergonhado por esta minha reação ante o que vi no fundo dos seus olhos.

— Você ainda duvida de que foi fascinado por aquelas guardiãs?

— A senhora me fascinou quando eu olhei no fundo dos seus olhos?

— É claro que não!

— Então, porque eu a vi como a senhora é em seu íntimo?

— Em meu íntimo sou como me sinto: uma anciã! Ou você desconhece que somos, nas aparências, como nos sentimos intimamente?

— Eu pensava que era assim.

— Eu, meu filho. E digo-lhe que aquelas guardiãs sentem que são portadoras de formas femininas exuberantes, sensuais e muito atraentes aos olhos dos espíritos masculinos. Mas, na verdade, por trás daquelas formas plasmadas existem corpos espirituais deformados pelos sentimentos negativos vibrados e vivenciados por elas, tanto quando estavam encarnadas como quando passaram para o plano dos espíritos. Só terão seus corpos espirituais reequilibrados quando sobrepujarem os vícios de suas últimas encarnações, transmutarem seus sentimentos negativos e se sublimarem em todos os sentidos, anulando seus sensualismos, que são sinônimos de insatisfação.

— Isso tudo eu sei, amada mestra. Vi como eram os espíritos delas.

— Como eles eram, meu filho?

— Todos deformados por sentimentos negativos, que obstruíram seus sentidos e bloquearam a irrigação natural dos seus corpos energéticos.

— Mesmo vendo como são por baixo daquelas aparências plasmadas, você se deixou fascinar?

— Eu...

— Perceba uma coisa, filho amado: você foi fascinado pelos seus desejos reprimidos e agora não tem controle sobre o que despertou em seu íntimo.

— O que despertei em meu íntimo, amada mestra?

— O tormento do desejo.

— Como?!

— É isto mesmo, meu filho. Digo-lhe que nós projetamos muitas vibrações. E, se muitas são bênçãos futuras em nossa caminhada evolutiva, outras são verdadeiros monstros assustadores que, em mais ou menos tempo retornam e, diante dos nossos olhos, atormentam-nos, desequilibram-nos e nos cobram na dor o preço de termos vibrado e irradiado sentimentos condenáveis aos olhos da lei e da vida.

— É, acho que vibrei e irradiei o desejo por várias mulheres, muito bonitas, quando vivi no plano material.

— Acho que você entendeu, meu filho.

— Eu entendi sim, amada mestra. Vibrei intensamente o desejo carnal, e agora há muitos monstros retornando à minha frente, cobrando os seus preços.

— Racionalize os seus sentimentos e dilua a névoa sensual que aquelas guardiãs projetaram sobre você, meu filho.

— Não sei como fazer isso, amada mestra.

— Quer que eu te ajude?

— Quero sim.

— Então olhe nos meus olhos, mas deixe que eu penetre nos teus, que o libertarei do fascínio que o hipnotizou.

— Sim, senhora. Faça isso por mim, amada mestra.

O caso é que ela mergulhou nos meus olhos e pouco depois recuou assustada, muito assustada!

— O que aconteceu, mestra?

— Você... eu... meu Senhor!!!

— O que a senhora viu no fundo dos meus olhos, mestra? Por que a senhora ficou tão assustada?

— Eu... você... foi possuído por um mistério, e agora ele está aflorando a partir do seu íntimo.

— Como?!!!

— É isto mesmo, meu filho. Ainda bem que recuei enquanto era tempo, senão ele me possuiria também.

— Não estou entendendo nada, mestra.

— Como você se sente?

— Normal, acho eu.

— Refiro-me a essa sua alteração.

— Se não penso nela, nada sinto.

— E se você pensar nela?

— Aí, sinto-me como se estivesse ardendo em chamas. Mas não sinto dor. Apenas me sinto quente, abrasado mesmo, sabe?

— Acho que sei... digo... imagino como se sinta, sabe...

— Sei. E acho que estou perdido, não?

— Não diga isso!

— Como fazer nesta situação e como proceder de agora em diante quando eu olhar no fundo dos olhos de um espírito feminino?

— Eu não tenho as respostas a essas suas perguntas.

— Quem as têm, amada mestra?

— O Senhor do seu mistério as têm, meu filho.

— Como posso obtê-las, se não sei quem é nem como me comunicar com Ele?

— Dê tempo ao tempo que logo alguma coisa lhe facultará um entendimento profundo sobre o seu mistério e sobre o Senhor dele.

— Está certo.

— Venha! Vamos retornar à nossa morada espiritual.

— Eu não vou retornar a ela, amada mestra.

— Por que não?

— Estou muito envergonhado.

— Você não teve culpa pelo que aconteceu, meu filho.

— Tendo culpa ou não, não terei coragem de voltar à nossa morada. Não deste jeito! Quando eu descobrir como controlar esta excitação e conhecer melhor este mistério que me possuiu, aí voltarei.

— Está certo. Mas você poderá ser ajudado em nossa morada.

— A senhora me ajudará?

— Eu não sei como. Mas os seus mestres, com certeza, saberão.

— Quando eu sentir coragem de encará-los novamente, voltarei. Agora preciso ficar sozinho e meditar sobre esta guinada em minha vida.

— Está certo. Reflita e descubra como proceder a partir de agora, mas não se esqueça de que desejamos ajudá-lo.

— Sim, senhora.

Aquela amada mestra retornou à nossa morada espiritual enquanto eu meditava sobre as causas da guinada em minha vida.

Repassei cada segundo dela e não encontrei respostas.

Então chegou um momento em que me senti cansado e parei de forçar minha mente.

Decidi caminhar um pouco e distrair-me com o que existia naquele lugar. Caminhei o resto do dia e boa parte da noite, e só parei quando vi uma cachoeira muito bonita.

Sentei-me próximo à queda d'água e deixei minha agonia possuir-me mais uma vez, já que não tinha vontade de retornar à morada espiritual.

Já era madrugada quando um caminhante um tanto arqueado pela sua idade avançada aproximou-se e perguntou-me:

— Salve, filho do Nosso Senhor! Posso sentar-me e descansar um pouco?

— Sente-se, ancião. Descanse seu corpo arqueado pelo peso do tempo, enquanto descanso meu espírito, sufocado pela opressão da angústia.

— Meu filho, eu só sinto o peso do tempo quando desço a este plano material da vida, pois onde vivo, peso algum sinto apesar da minha idade avançada.

— Entendo.

— Você entende mesmo, meu filho?

— Aprendi algo sobre as descidas, meu senhor.

— O que você aprendeu nas suas "descidas", meu jovem aprendiz?

— Aprendi que as descidas nos reservam surpresas desagradáveis, mestre-ancião.

— Desagradáveis ou incompreensíveis, meu jovem?

— Ambas, meu senhor.

— As descidas só nos reservam surpresas desagradáveis enquanto nos são incompreensíveis. Mas quando as compreendemos, descobrimos que são poderosas fontes de satisfação.

— Como entender o inexplicável?

— Nada é inexplicável, meu filho. Para tudo há uma explicação porque o acaso não existe em nossa vida. Veja só o meu caso: eu estava sem nada para fazer e sentia-me incomodar com alguma coisa. Então, decidi caminhar um pouco aqui no plano material, e não parei até encontrá-lo, com os olhos lacrimosos e o íntimo angustiado.

— O que posso deduzir de suas palavras, mestre-ancião?

— Deduza isto, meu filho: — Se você não estivesse angustiado, aqui eu não estaria agora porque não teria me sentido incomodado no conforto da morada luminosa onde vivo.

— O incômodo que o obrigou a descer até aqui é esta minha angústia?

— Ela mesmo, meu filho! Mas agora já me sinto melhor porque vi que esta minha descida me conduziu a um local aprazível e ao encontro de um espírito jovem, mas angustiado porque ainda não sabe que sua angústia é só o reflexo da angústia que lateja no íntimo de outros espíritos, também angustiados porque não souberam como lidar com as dificuldades inerentes às suas jornadas evolutivas.

— Como é isso, mestre-ancião?

— Isso é o que eu disse, meu jovem.

— O senhor está dizendo-me que minha angústia não é minha, mas só um reflexo de angústias alheias?

— Foi o que eu disse, meu filho!

— Mas estou angustiado porque fui fascinado por algumas imagens femininas e não consigo anular a excitação que elas despertaram em mim.

— Mais uma vez, digo que foi isso mesmo o que eu disse, jovem aprendiz.

— O senhor está dizendo que esta excitação não é minha, mas só um reflexo da insatisfação dos espíritos femininos contemplados por mim?

— Foi o que eu disse.

— Como entender e lidar com isso, mestre-ancião?

— Meu filho, se você tem um cantil cheio de água fresca e encontra um sedento, o que você faz?

— Dou-lhe o cantil para que sacie sua sede.

— E se você encontrar um enfermo e, examinando sua doença, vê que tem o remédio certo para curá-lo, o que fará?

— Imediatamente lhe ministro o medicamento.

— E se você encontrar alguém que nunca foi feliz no amor, o que fará?

— Eu... — eu não soube o que dizer. Então, o mestre-ancião não parou para explicar-me como proceder porque fez outra pergunta mais constrangedora:

— O que você fará se encontrar um espírito feminino que nunca amou porque acredita que nunca foi amada e desenvolveu uma insatisfação que, só sendo amada intensamente, transformará sua agonia sufocante em um êxtase exuberante, que desbloqueará seus sentidos obstruídos e fará aflorar diante dos seus olhos, e nos seus braços, o mais belo dos espíritos femininos?

— Como é que é?!

— É o que eu disse, jovem e abismado espírito portador de um dos Mistérios da Vida.

— Eu... o senhor... — e eu não soube responder nada àquele mestre-ancião, que também não me deu tempo para refletir sobre sua longa pergunta, pois continuou a falar:

— Você não percebeu sua excitação senão quando alguém o alertou sobre ela. Logo, em você é natural a captação da insatisfação que vibra no íntimo dos espíritos que entram no campo vibratório do mistério que aflorou na sua primeira descida, meu filho!

Refleti e não encontrei a resposta ao mestre-ancião, que permaneceu em silêncio por muito tempo, já que dava tempo para eu digerir tudo o que havia me dito. E chegou um momento em que eu, muito angustiado, ajoelhei-me diante dele e pedi:

— Mestre-ancião, ensina-me!

— O que você deseja aprender, meu filho?

— Desejo aprender o que preciso aprender, meu mestre e meu pai amado.

— Você está me adotando como seu mestre e seu pai amado, meu jovem discípulo e filho do mistério do Nosso Senhor?

— Eu já o adotei, meu pai e meu mestre. Agora anseio ser adotado pelo senhor.

Então aquele mestre-ancião pegou em minhas mãos e, beijando-as, falou-me:

— Já o havia adotado antes de iniciar esta minha nova descida, meu filho. Só estava esperando você adotar-me como seu pai e seu mestre para dizer-lhe que eu o entendo e compreendo e o aceitei como você é porque é filho do Nosso Senhor, que é o Senhor dos Mistérios do Amor e da Vida.

— Quem é o Senhor dos Mistérios do Amor e da Vida, amado pai e sábio mestre?

— É o Senhor Deus, meu filho. E Ele tem, em cada um dos Mistérios do Amor e da Vida, regentes divinos a sustentá-los e a ativá-los nos seus portadores naturais, que somos nós, os espíritos gerados por Ele nestes Seus Mistérios Divinos. — E ele se calou.

— Continue, amado mestre! — pedi, quase implorando.

E aquele meu amado pai e amado mestre-ancião falou, falou e falou. E quando entendi o que tinha de aprender, ele me envolveu numa aura luminosa muito forte e me levou a esferas de luz e, sem sairmos de dentro dela, foi me mostrando angústias e insatisfações sufocadas através dos outros sentidos já desenvolvidos pelos espíritos mais evoluídos.

Quando eu já identificava naturalmente as insatisfações e os recursos usados para sufocá-las e isolá-las no íntimo dos espíritos contemplados por mim, ele falou-me:

— Meu filho, estas manchas escuras estão impedindo esses espíritos, já evoluídos em vários sentidos, de alçarem voos às faixas celestiais da vida. Eles não admitem que trazem insatisfações no sétimo sentido da vida porque não souberam como lidar com as angústias que desenvolveram quando se desequilibraram nos mistérios do amor.

— Por que isto aconteceu com eles, amado mestre?

— Eles não tiveram ninguém a ensinar-lhes que o amor pleno é fonte de vida, de satisfação e de criatividade. Desenvolveram insatisfações, e o sexo tornou-se um tabu em suas vidas o qual sufocam porque isolaram-no numa mancha escura em seus íntimos.

— Como eles se livrarão dessas manchas escuras em seus íntimos, amado mestre?

— Uns reencarnarão e terão a oportunidade de desbloquearem seus sentidos obstruídos e darem às suas sexualidades um direcionamento luminoso. Outros acabarão descobrindo que essas manchas são os monstros do sexo que projetaram durante suas jornadas evolutivas e, em espírito, descerão até onde eles estiverem e os transformarão em fontes de amor, satisfação, prazer e vida.

— Qual é o melhor caminho a ser seguido por eles, amado mestre?

— Só Deus sabe. Mas a nós, os guardiões dos Mistérios do Amor e da Vida, compete esclarecê-los enquanto ainda têm condições de lidar racionalmente com suas insatisfações e angústias, sufocadas há muito. É melhor, a meu ver, que anulem estas sombras aqui no plano dos espíritos. Agora vamos descer às esferas negativas, meu filho. Nelas você verá monstros horrorosos e horrores monstruosos gerados a partir de insatisfações sexuais, todas surgidas no sétimo sentido da vida. Prepare-se muito bem, meu filho!

— Sim, senhor.

Eu me preparei, e descemos, descemos e descemos... e vi monstros horrorosos e horrores monstruosos gerados a partir do sexo e da insatisfação sexual dos espíritos que haviam confundido vícios com virtudes, paixões com amor e devassidão com sexualidade.

A tudo eu contemplava com lágrimas nos olhos e ouvia o meu mestre-ancião atentamente, ainda que aquela minha angústia tivesse aumentado tanto, mas tanto que, de vez em quando, era preciso ele irradiar um pouco de sua luz cristalina em meu peito, senão eu sucumbiria ante tantos horrores.

E o que mais me incomodava era o fato de eu estar excitado, muito excitado mesmo. Mas até isso ele me esclareceu, e sem o menor constrangimento.

— Meu filho, jamais sinta-se envergonhado por ficar excitado contra sua vontade porque você é um guardião dos Mistérios do Amor e da Vida e seu mistério só capta as vibrações femininas de insatisfação.

Quanto a esta opressão em seu peito, é o reflexo da ausência do amor no íntimo desses espíritos insatisfeitos, justamente porque não foram amados e não souberam amar quem se ligou a eles, assim como desconhecem que em algum lugar há alguém que muito os ama, mas não podem vir até eles para envolvê-los numa aura de amor porque não sabem como chegar até eles sem se desequilibrarem também.

Então, compete a nós, os guardiões dos Mistérios do Amor e da Vida, auxiliá-los, meu filho!

— Como poderei auxiliá-los, meu pai e meu mestre nos Mistérios do Amor e da Vida?

— Só reequilibrando os desequilibrados e desbloqueando os sentidos dos que sufocaram suas insatisfações para continuarem a evoluir em outros sentidos.

— Eu quero auxiliá-los, mestre. Ou faço isso ou me tornarei mais um horror!

— Você os auxiliará, jovem guardião aprendiz dos Mistérios do Amor e da Vida.

— Por onde devo começar e como devo proceder?

— Cada guardião traz em si seus recursos e seus meios.

— Quais são meus recursos e meios, mestre?

— Você terá de descobri-los.

— Onde e com quem?

— Em você e com quem você for auxiliar.

— Por onde eu começo, mestre?

— Consigo mesmo, meu filho. Comece a recolher seus monstros, exteriorizados por você quando viveu no plano material da vida.

— Não sei como iniciar a busca dos meus monstros porque não sei onde encontrá-los.

— Você não os encontrará se sair à procura deles. Mas eles virão ao seu encontro se você não se antecipa à vinda deles até você.

— Sim, senhor.

— Eu descerei novamente quando você tiver recolhido todos eles, meu filho. Quando tiver feito isso, eu o conduzirei ao Senhor do seu mistério.

— Mestre, antes de partir, ensina-me como devo proceder quando eu identificar bloqueios, insatisfações e angústias, está bem?

— Onde se manifesta seu mistério, meu filho?

— Nesta minha opressão no peito e nesta excitação incontrolável.

— Então aprenda a amar os insatisfeitos e a satisfazer os que não amam ou não são amados.

— Como, mestre?

— Descubra por conta própria, guardião do sétimo sentido da vida! — ordenou-me aquele mestre-ancião e pai amado. — Só assim você dominará o seu mistério e controlará suas reações.

— Mas não sei por onde começar e muito menos como proceder.

— Clame ao Nosso Senhor, que Ele o conduzirá até onde deve começar. E, quanto ao modo de proceder, proceda segundo sua consciência e com os recursos que traz em si mesmo, pois que você os traz, disso não tenha dúvidas! — falou-me ele, olhando significativamente para onde convergia minha excitação e a tornava visível.

Após dizer-me aquilo, sua forma plasmada começou a ser diluída pela poderosa luz que ele começou a irradiar, chegando a um ponto em que deixei de olhar para ele, senão ficaria cego, e curvei meu corpo até tocar o solo com a testa. E ficaria ali, curvado e de olhos fechados se uma voz feminina, muito agradável, não tivesse me chamado de volta à realidade, dizendo-me:

— O que um espírito tão lindo quanto você faz aqui, curvado há tanto tempo?

Eu levantei meus olhos e, vendo-a, fiquei embevecido ante tanta beleza num só ser. Ela não era uma forma plasmada, isso vi de imediato.

Levantei-me e fiquei a contemplá-la de alto a baixo porque ela era linda, e suas formas femininas eram perfeitas aos meus olhos. Eu, meio atordoado ante tanta beleza, perguntei:

— Quem é você, ser que me fascina?

— Eu não o estou fascinando, guardião do amor e da vida!

— Não está?

— Não mesmo!

— Se não está, então porque esta excitação voltou a me incomodar?

— Se não estou enganada, ela aflorou assim que você me viu. Estou enganada?

— Eu... não sei ao certo... mas acho que foi isso mesmo.

— Tenho certeza de que você se encantou com minha beleza natural e agora não sabe como reagir, não é mesmo?

— É... é isso mesmo. Sinto muito. Desculpe-me, por favor.

— Por que eu devo desculpá-lo, se também me encantei e me excitei com a visão de um guardião do sétimo sentido, já que também sou uma guardiã dos mistérios deste sentido?

— Que bom encontrar alguém que me entende... espera um pouco! Por acaso você é um dos monstros projetados por mim e que agora retorna à minha vida?

— Eu me pareço com um monstro?

— Não.

— Os monstros que você projetou são tão encantadores quanto eu, que só quero amá-lo, dar-lhe um pouco de prazer, amor e satisfação?

— Eu acho que não, sabe.

— Ainda não sei, porque depende de você definir-me como um dos seus monstros ou uma de suas irmãs de mistério.

— Acho que você não é um monstro... digo... não é um dos meus, sabe.

— Sei sim.

— Acho que vou entrar na água para anular este meu calor e cor rubra.

— Será que esta água conseguirá?

— Não sei. Só tentando, não?

— Você não conhece outro jeito de controlar esse seu calor e coloração?

— Conheço. Mas não acho recomendável.

— Algo o impede de recorrer a esse outro jeito?

— Você não sabe como é esse outro jeito, sabe?

— Sei sim. Algo o impede de recorrer a ele?

— Eu não o acho recomendável, nem sei se está dentro dos recursos do meu mistério, além do mais...

— Eu não vou repeli-lo, se é isso que irá dizer-me.

— Não?

— Não mesmo!

— Então...

— Venha! Vou ensiná-lo sobre os recursos do seu mistério e como usá-los com sabedoria, consciência, amor e respeito à vida... alheia.

Aquela guardiã ensinou-me coisas que eu desconhecia ou sequer imaginava serem possíveis de acontecer a partir da vibração de desejos.

Ela instruiu-me durante vários dias, e todo um novo e fascinante aprendizado prático foi internalizado por mim.

Quando se sentiu satisfeita por eu ter sido um bom aluno, despediu-se com abraço caloroso e falou-me: Aprendiz Sete, pratique tudo o que lhe ensinei e ensine tudo o que comigo você praticou.

Aprendiz Sete era como ela me chamava, já que eu era o sétimo guardião que ela instruíra e sétuplo era o meu mistério guardião.

Ela se foi e fiquei ali por um bom tempo, rememorando tudo o que havia aprendido.

Quando me senti satisfeito por já entender um pouco mais sobre meu mistério natural, caminhei sem pressa pela margem do rio e de vez em quando parava, sentava-me e ficava contemplando as águas claras que corriam revoltas sobre o leito pedregoso e todo acidentado.

Em dado momento, quando eu contemplava uma pedra muito branca à superfície da água, fui surpreendido com um fenômeno que me deixou estático: daquela pedra saiu uma emanação energética que formou algo parecido com uma passagem para algum lugar desconhecido.

Fiquei indeciso quanto ao que fazer, mas lembrei-me de uma das recomendações da irmã guardiã, que dizia mais ou menos isto: "Aprendiz Sete, nunca deixe de conhecer o que de novo se apresentar a você!"

Foi com isso em mente que avancei pela passagem etérea formada sobre aquela pedra branca. Quando dei alguns passos em meio à neblina, algo inimaginado por mim se mostrou e extasiou meus olhos: todo um novo plano da vida descortinou-se à minha frente, surpreendendo-me e fascinando-me por sua beleza singela e multiplicidade de cores nas coisas ali existentes.

Eu via riachos e cascatas encantadores, ornados por uma flora exuberante e de uma beleza antes nunca vista em toda a minha vida no plano material ou na dimensão espiritual humana.

Era um mundo novo que estava se mostrando a mim e convidando-me a conhecê-lo por dentro.

Caminhei com cautela por entre aquelas plantas floridas que, de tão belas, inspiravam-me respeito e deixaram-me admirado por suas formas fascinantes.

Aos meus olhos, elas se mostravam como a capacidade criativa infinita do nosso divino Criador que, como eu acabava de descobrir na prática, não resumira sua criação só ao plano material ou à dimensão espiritual humana.

Havia aprendido com os mestres da escola onde estudava que a criação divina é infinita e formada por muitos planos da vida, uns dentro dos outros, mas cada um tendo tudo o que precisa para ser pleno em si mesmo para sustentarem os seres naturais que vivem e evoluem neles, já que para eles Deus criou e reservou planos específicos.

Acho que posso definir esses planos mais ou menos assim: em cada um deles existem certos pontos ou campos magnéticos que são portais de ligação com outros planos e são passagens naturais pelas quais podemos transitar de um para outro... caso os seus guardiões nos permitam esses deslocamentos.

Neste primeiro plano que se abriu naturalmente aos meus olhos, não senti qualquer desconforto energético ou vibratório, assim como não captei qualquer vibração magnética que impressionasse meu mental ou meu campo energético (minha aura). Então, concluí que estava em um plano da vida que tinha o mesmo magnetismo da dimensão espiritual humana.

Volitei de um ponto a outro com a mesma desenvoltura que tinha no meio espiritual humano e certifiquei-me de que mantinha a mesma precisão e o mesmo sentido de direção, e isso me deixou tranquilo e feliz, pois alguém estava abrindo-me um novo mistério da vida existente dentro deste nosso abençoado planeta Terra, tão pleno em sua formação que comporta infinitos planos da vida em seu lado etérico ou espiritual.

O máximo que eu me permitia naquele jardim de Deus era aspirar os perfumes daquelas flores, todas novas para meus fascinados olhos.

Pelo tempo que já estava naquele novo plano da vida, deduzi que o fenômeno dia-noite ali não existia, e até olhei para o alto para ver se também existia um sol a iluminá-lo permanentemente.

Mas o que vi quando olhei para o alto, se não era um sol, no entanto, era mais surpreendente e pairava tão próximo, logo acima de minha cabeça, que eu, instintivamente, ajoelhei-me e curvei minha cabeça para baixo em reverência àquele mistério vivo do divino Criador e Senhor Nosso Deus.

Sim, eu havia aprendido que todos os planos da vida têm suas divindades regentes e suas divindades energéticas equilibradoras do meio onde os seres vivem e evoluem naturalmente, sem estarem sujeitos à encarnação no plano material da vida.

Permaneci ajoelhado e em silêncio absoluto por um longo tempo, e só saí daquele estado quando a divindade que, eu sentia, era muito próxima, começou a comunicar-se comigo e ordenou-me:

— Levante-se, Aprendiz Sete! Levante-se para que eu possa contemplá-lo de frente e através dos seus olhos cristalinos, ainda livres das manchas que turvam a visão de muitos dos filhos do Pai que realizam suas evoluções na dimensão humana da vida.

— Meu senhor, sou indigno de levantar-me diante do senhor, mistério vivo e divino do nosso divino Criador. — Respondi-lhe mentalmente.

— Se ordenei a você que se levantasse, é porque o vi digno de olhar-me de frente, Aprendiz Sete. Levante-se e olhe nos meus olhos, filho do Pai ordenador da vida na infinita criação do nosso divino Criador!

— Quem é o pai ordenador da vida, meu senhor? — perguntei sem refletir e sem sair da posição em que me encontrava.

— Aprendiz Sete, o Pai ordenador da vida, você o reverenciou e serviu no plano material pelo nome religioso dele na sua religião terrena, onde é chamado de orixá Ogum.

— O meu pai Ogum?!!!

— É ele mesmo, filho de Ogum! Mas você deve expandir seu entendimento sobre o orixá Ogum e sobre todos os outros mistérios vivos do nosso divino Criador pois, se em uma determinada religião eles são descritos de uma maneira que melhor atende às expectativas espirituais dos seus adeptos e seguidores, em outra eles são descritos diferentemente e assumem "formas" humanas mais de acordo com as necessidades e expectativas dos seus adeptos e dos seus seguidores.

— Compreendo-o, meu senhor.

— Eu sinto que me compreende, Aprendiz Sete! E digo-lhe que, em função da capacidade individual, um mistério vivo do nosso divino Criador se mostra a cada um conforme seu entendimento das coisas divinas, segundo seu grau evolutivo e consciência sobre si mesmo, sobre o meio onde vive e evolui e sobre toda a criação divina. A consciência que cada ser tem sobre si mesmo, sobre o meio onde vive e sobre a criação divina é uniforme, Aprendiz Sete!

— O meu senhor pode ensinar-me sobre o estado da consciência para que eu desenvolva sobre ela um entendimento pessoal sobre este mistério da evolução dos seres, meu senhor?

— Muito me alegra que você queira entender este mistério da evolução, Aprendiz Sete! E será com alegria que lhe ensinarei.

— Com alegria aprenderei contigo, meu senhor.

— Aprendiz Sete, saiba que todos os seres são gerados iguais pelo nosso divino Criador porque todos procedem de uma mesma "matriz" geradora. Não podemos afirmar que ela seja macho, fêmea ou macho-fêmea porque ela não tem forma e gera em si e de si tanto os seres machos quanto os seres fêmeas, mas os gera indiferenciados e aptos a assumirem uma natureza masculina ou feminina quando são exteriorizados por ele para iniciarem suas evoluções exteriores, assim que a evolução interior de cada um se completa.

— Como é a evolução interior dos seres, meu senhor?

— Como posso descrever o indescritível a um ser ainda muito limitado no seu grau de entendimento, Aprendiz Sete?

— Descreva esse mistério segundo meu grau humano de entendimento, meu senhor.

— Que assim seja, Aprendiz Sete! Entenda esse mistério desta forma: o divino Criador gera os seres como uma mãe gera em seu útero o seu filho.

Mas, enquanto a mãe gera um corpo carnal, ele gera uma consciência dotada de todas as faculdades existentes Nele, o nosso divino Criador.

Esta consciência é um código mental, infinito em si mesmo e tão pleno de faculdades quanto as que possui o nosso divino Criador.

Este código genético mental vai se formando, tal com o feto no útero materno, e chega a um ponto em que, já totalmente formado, está pronto para ser exteriorizado, tal como o feto, pronto para nascer para a vida no plano material.

Como o recém-nascido na carne ainda está inconsciente e demorará alguns anos para ter consciência sobre tudo e todos à sua volta e sobre o meio onde vive, assim como aprender a se comportar de forma correta, a consciência emanada pelo divino Criador, ao ser exteriorizada, ainda está inconsciente sobre o novo meio da vida onde se encontra e procederá da mesma maneira.

E, se o recém-nascido capta instintivamente as vibrações de amor, carinho, amparo e proteção dos seus pais carnais, a consciência exteriorizada pelo nosso divino Criador capta essas mesmas sensações das divindades que o acolheram no momento em que foi exteriorizada e a adotaram como um bem divino confiado a elas pelo nosso divino Criador, Aprendiz Sete.

— Como é este processo de adoção das consciências pelas divindades, meu senhor?

— Este processo, posso descrevê-lo assim, Aprendiz Sete: tal como no útero materno, onde o óvulo fecundado dá início ao desenvolvimento de um corpo que abrigará nele um espírito já pleno em si mesmo e totalmente formado, as emanações de duas divindades, uma de natureza masculina e outra de natureza feminina, unem-se e, no ponto dessa união, forma-se um campo eletromagnético vivo que, pouco a pouco, vai "amadurecendo" até se tornar um campo ovalado cheio de energias indispensáveis à sustentação da consciência que abrigará em seu interior.

Essas emanações são chamadas de fatores divinos e o campo ovalado tem dois tipos de alimentação: uma interior e outra exterior.

• A alimentação interior é feita pelas duas ondas vivas que se uniram e deram início ao campo magnético vivo que abrigará uma consciência em seu interior.

• A alimentação exterior, o campo, no seu pulsar, pois é magnético, absorve os muitos tipos de fatores à sua volta e, depois de se "alimentar" com a quantidade de que precisa e com os que necessita para se manter vivo, devolve o resto ao meio à sua volta.

Compare esta "alimentação fatoral" ao ato de respirar dos seres encarnados, quando, continuamente, absorvem o ar à volta saturado de oxigênio, mas que também tem outros gases junto dele.

Se os seres encarnados só usam o oxigênio que, após ser usado para oxigenar as células sanguíneas, é devolvido ao meio ambiente como gás carbônico, os campos magnéticos ovalados absorvem um plasma fatoral complexo, mas só usam o que precisam e, junto com o resto não utilizado, expelem o que resultou do uso dos fatores necessários à sua alimentação energética fatoral.

Este processo, você pode compará-lo ao que ocorre durante a formação do feto no útero, onde ele é alimentado pelos nutrientes que retirara do corpo de sua gestadora através do cordão umbilical, sabe.

— Sei sim, meu senhor. É o sangue da gestadora que alimenta o organismo ainda em formação até que este tenha seus órgãos já formados e capazes de gerar seu próprio sangue e linfa, só retirando da sua gestadora as vitaminas, proteínas, sais minerais, etc. de que precisa para realizar estas funções sustentadoras do seu próprio crescimento.

— Você entendeu o processo de formação do campo magnético ovalado que abrigará uma consciência gerada pelo divino Criador em si mesmo, Aprendiz Sete?

— Entendi sim, meu senhor. Este campo magnético ovalado é vivo, e quando completa sua formação, já está pronto para abrigar uma consciência emanada pelo divino Criador. E, por estar ligado às divindades fatorais paternas, ainda que inconscientemente, capta delas o amor e o carinho que lhe são dedicados pelos seus pais exteriores.

— É isso mesmo, Aprendiz Sete. As vibrações de amor e carinho que envolvem a nova consciência são captadas instintivamente e tornam-se seus primeiros referenciais externos, já que os internos são os do divino Criador e estão todos eles embutidos no código genético divino que a nova consciência é em si mesma, sabe?

— Sei, sim, meu senhor. Isso me faz entender a afirmação esotérica circulante no plano material que diz mais ou menos isto: todos nós temos Deus em nosso interior, e só depende de nós mesmos o desabrochar deste nosso Deus interior. É isso, não?

— É isso mesmo, Aprendiz Sete. A nova consciência, ainda inconsciente, traz em si sua herança genética pois, se foi gerada pelo divino Criador e herdou d'Ele um código que, ali mesmo, dentro do campo magnético ovalado, irá reproduzi-lo lentamente, sempre a partir da abertura de faculdades mentais específicas, cada uma reproduzindo na nova consciência uma capacidade preexistente em nosso divino Criador.

Aprendiz Sete, saiba que, se todos temos no divino Criador o nosso Pai original, no entanto todos temos nossos pais ancestrais, que vivem no primeiro plano da vida exterior. E esses pais ancestrais nos alimentam até hoje através das ondas que se uniram para gerar o campo magnético ovalado, dentro do qual reside nossa essência e nosso código genético divino. Saiba que esses pais e mães divinos e ancestrais continuam amando seus filhos e filhas com a mesma intensidade que os acolheram quando o divino Criador os emanou para seu exterior. E eles continuam sustentando mentalmente todos nós.

— Meu senhor, se somos gerados indiferenciados, como acontece o fenômeno da diferenciação sexual dos seres.

— Esse processo é semelhante ao que gera os corpos físicos dos seres no plano material da vida, onde o óvulo é a célula sexual feminina e parte do código genético do futuro ser; e o espermatozoide é a célula sexual masculina com a outra parte; assim, durante o processo de fusão de um com o outro, poderá ser gerado um corpo feminino ou masculino. Tudo depende da parte; que predominar.

Como as ondas vivas que se unem para formar o campo magnético ovalado vivo são códigos genéticos fatorais, então, se predominar em sua formação a parte masculina ali, a nova consciência adquirirá uma natureza masculina análoga à do seu pai ancestral ou primeiro pai no exterior do divino Criador.

Mas, caso predomine a parte feminina, a nova consciência adquirirá uma natureza feminina análoga à da sua mãe ancestral ou primeira mãe no exterior do divino Criador.

Saiba que essas naturezas são determinadas ali, no primeiro plano da vida exterior do nosso divino Criador e, após sua formação na nova consciência alojada dentro do campo magnético ovalado vivo, nunca mais mudará. Apenas se aperfeiçoará e se concretizará na vida futura do ser quando o código genético divino iniciar a abertura dos fatores genéticos deles, que terão em seus órgãos sexuais fontes geradoras de energias muito importantes, pois são complexas e alimentadoras da sexualidade e de faculdades associadas à criatividade, ao criacionismo e à multiplicação dos corpos densos usados pelas consciências, já não tão novas porque já amadureceram bastante e já tiveram várias faculdades mentais abertas e desenvolvidas.

— Entendo, meu senhor. Essa nossa natureza ancestral determina nosso comportamento e nosso modo de pensar e de agir porque é imutável, mesmo que no futuro a nova consciência venha a ter como veículo ou corpo denso um que classificamos como feminino ou masculino. É isso?

— Sim, é isso, Aprendiz Sete. Mas, assim que o ser é despido de seu corpo denso, aos poucos a sua natureza íntima e ancestral começa a remodelar seu perispírito e seu corpo etérico volta a se masculinizar ou a se feminilizar, sempre de acordo com sua natureza íntima e ancestral.

— Isto explica algumas coisas, incompreendidas por mim no plano material, meu senhor.

— Explica sim, Aprendiz Sete. Agora, quanto à consciência, entendimento e grau evolutivo, os seres levam muito tempo para aperfeiçoá-los e expandi-los, já que a abertura ou desdobramento do código genético divino demanda tempo e não deve ser apressado, senão poderá sofrer distorções que acarretarão desvios de conduta e dubiedade comportamental nos seres.

— De quanto tempo precisamos para que uma de nossas faculdades mentais se abra totalmente e em perfeito equilíbrio?

— Para os Regentes da evolução dos seres, o tempo não conta, Aprendiz Sete. E tanto não conta que são denominados "Tronos Atemporais".

Saiba que em seus domínios internos, o mistério do tempo inexiste e eles até podem paralisar o fluir do tempo em determinados pontos da criação, em que é necessária uma paralisação para que os graus de entendimento e níveis de consciência se equivalham nos seres que ali estão vivendo.

— Isso é possível, meu senhor?

— É sim, Aprendiz Sete. E tanto é que até no plano material acontecem essas intervenções.

— Como detectá-las, meu senhor?

— Você apreciava estudar a história da humanidade, não?

— Eu apreciava sim.

— Você nunca prestou atenção à história particular de cada raça, povo ou nação, que permaneceu estagnada por vários séculos até que certos acontecimentos desencadeados por pessoas incomuns, novos rumos, novas doutrinas e novas religiões provocaram transformações gigantescas e profundas no modo de ser e agir das pessoas alcançadas por esses acontecimentos?

— Observei sim, meu senhor. É a partir desses acontecimentos incomuns que grandes movimentos humanos se iniciam e transformam a "feição" de raças, nações, sociedades e religiões.

— Esses acontecimentos são desencadeados por espíritos agregados às Hierarquias Evolucionistas. Mas também ocorrem ações paralisadoras da evolução quando é preciso nivelar o grau evolutivo dos seres colhidos por eles, e surgem dogmas conservadores de um *status quo*. Com esses dogmas, as doutrinas estacionam no tempo e permitem que, em sucessivas encarnações, levas gigantescas de espíritos nivelem seus graus de consciência num patamar preestabelecido pelos Senhores Tronos Regentes da Evolução dos espíritos humanos.

Sociedades estagnam e a apatia vai se apossando dos seus mecanismos mais dinâmicos, paralisando-os.

— Entendo. Com a paralisação, as sociedades e as religiões acomodam-se e deixam de solicitar mais e mais das pessoas sob as suas tutelas, até que todos desenvolvam e amadureçam seus entendimentos.

— É isso, Aprendiz Sete!

— Meu senhor, eu acredito que o acaso não existe, então este ensinamento que estou recebendo tem uma finalidade, não?

— Tem sim, filho do Nosso Senhor.

— Qual é ela, meu senhor?

— Você entrou em um plano da vida totalmente diferente do plano humano habitado pelos espíritos.

Aqui, os seres nunca encarnaram no plano material e não desenvolveram o negativismo ou o dualismo consciencial que caracteriza os espíritos que se humanizaram ou se espiritualizaram. Logo, não possuem faculdades mentais negativas e não entendem as reações humanas, classificadas como antinaturais. Você entende sobre o que o estou alertando?

— Entendo, meu senhor. Eles vivem em um meio natural e não desenvolvem os complexos humanos. É isso?

— É isso mesmo, Aprendiz Sete. Este plano da vida, aos seus olhos humanos e ao seu nível de entendimento, é um jardim celestial porque nele inexistem egoísmo, inveja, ciúmes, ódios, remorsos, tabus e dogmas. Todos são como são; e cada um age e reage naturalmente conforme o seu grau de consciência individual. Mas aqui, todos são monitorados e conduzidos por uma consciência coletiva muito poderosa, atenta e muito sensível aos comportamentos antinaturais dos espíritos humanos.

— Meu senhor, se aqui é assim, então porque fui trazido para este jardim celestial?

— Se deseja ser um bom guardião dos mistérios do seu pai Ogum, você precisa desenvolver em sua consciência parâmetros muito precisos, senão nunca saberá deferenciar comportamentos naturais e retos de comportamentos antinaturais, dúbios ou distorcidos.

— Entendo. Acho que devo ser cauteloso e remodelar meu modo de pensar e agir.

— Terá de fazer isso mesmo, Aprendiz Sete.

— Meu senhor, caso eu me comporte e reaja de forma inaceitável, por favor, alerte-me.

— Eu farei isso sim, Aprendiz Sete.

— O que devo fazer agora, meu senhor?

— Viva a vida como ela é aqui neste plano e, quando tiver desenvolvido um entendimento e uma consciência natural, você estará mais preparado para servir o Senhor do teu mistério pessoal Aprendiz Sete. Até esse momento, meu filho!

— Até, meu senhor.

Aquele ser divino deixou de se comunicar mentalmente comigo mas, por um longo tempo permaneci ajoelhado e com a cabeça voltada para o solo, à espera de novas "palavras". E ali permaneceria por tempo indeterminado se alguém, bem à minha frente, não tivesse falado comigo assim:

— Quem é você, visitante de outra dimensão da vida?

Lentamente levantei minha cabeça e vi um espírito daquele novo plano da vida a olhar-me como se me analisasse. Em seus olhos captei curiosidade e admiração. Mas não menos curioso e admirado eu fiquei quando o observei por inteiro e aos espíritos que o acompanhavam: todos estavam completamente nus e eram de uma perfeição corpórea semelhante a uma estátua grega clássica, seus cabelos cacheados eram castanhos, assim como seus olhos eram quase translúcidos.

Aquele espírito à minha frente, com cerca de um metro e oitenta centímetros de altura, e com um físico modelar, pareceu ser o líder, pois estava à frente e portava na cintura uma longa e larga espada com um cabo dourado e todo incrustado por pedras de cores magníficas.

Lentamente, levantei-me e estendi-lhe a mão para cumprimentá-lo ao meu modo humano e falei-lhe: — Muito prazer, senhor. Sou Aprendiz Sete e estou visitando este plano da vida pela primeira vez, sabe!

— Sei sim, Aprendiz Sete. De onde você vem? — perguntou-me ele, deixando-me com a mão estendida no ar, pois se limitou a cruzar os braços sobre o peito, que parecia ter sido esculpido por um artista, de tão definidas que eram as suas linhas.

— Eu vim da dimensão espiritual humana, meu senhor.

— Como você chegou à nossa dimensão mineral?

— Um portal se formou à minha frente. Então passei por ele e vim parar aqui.

— Você é mais um entre os muitos espíritos humanos que já vieram até nossa dimensão. Espero que não proceda como eles, Aprendiz Sete, senão será mais um que expulsaremos.

— Como eles agiram, meu senhor?

— Como humanos insensíveis, inconsequentes e incapazes de compreender nosso modo de ser, agir e viver.

— Entendo.

— Espero que entenda, senão..., até outro encontro! — disse-me aquele ser imponente, cruzando novamente os braços em sinal de despedida. A seguir ele virou-me as costas e caminhou resoluto rio acima.

Momentaneamente surpreso, fiquei observando ele e seus acompanhantes, todos espíritos femininos cujos corpos "marmóreos" também pareciam ter sido esculpidos por um exímio escultor clássico.

A nudez daqueles espíritos não me incomodou nem um pouco, pois o que chamou minha atenção eram suas formas físicas, admiráveis aos meus olhos, e suas cores de mármore.

Saí daquela paralisia instantaneamente e gritei para que esperassem por mim, e dei uma corrida até alcançá-los. Logo estava ao lado do líder e pedi:

— Posso acompanhá-los, meu senhor?

— Por quê?

— Alguém terá de mostrar-me como são as coisas por aqui e como devo comportar-me para não só não ser expulso, mas também para eu poder aprender um pouco, sabe.

— Você está me adotando como seu líder, Aprendiz Sete?

— Adotando-o com meu líder? É assim que as coisas são por aqui?

— São assim. Só adoto quem me adota, Aprendiz Sete. Você está vendo estas fêmeas que me acompanham?

— Estou sim, meu senhor. O que há com elas?

— Elas me adotaram como par ideal e companheiro de jornada, o mesmo eu fiz por elas, adotando-as e aceitando-as como pares ideais e companheiras de jornada.

— Entendo! — respondi meio confuso com as palavras dele que, captando minha confusão, continuou a esclarecer-me:

— Elas não tinham um ser macho para adotá-las! Então eu as adotei e tornei-me para elas aquilo que os humanos denominam de marido ou esposo.

— Entendo. Você casou-se com elas. É isto?

— Para você é isso. Mas, para nós, adotei-as como par ideal e como companheiras de jornada. Só isso, sabe!

Como ele calou-se, também calei-me e continuei a caminhar com ele, e de vez em quando eu observava uma de suas companheiras, começando a distinguir traços diferenciadores naquele seres "marmóreos".

Após um bom tempo, tendo eu observado todas, pois eram umas vinte mulheres, ele perguntou-me:

— Satisfeito em suas observações, Aprendiz Sete?

— Acho que não. Só consigo distinguir pequenos traços ou detalhes, meu senhor. Aos meus olhos humanos, elas são todas iguais, a não ser as pequenas diferenças.

— Umas são mais velhas, outras são mais jovens, Aprendiz Sete.

— Como diferenciá-las, meu senhor?

— As que possuem cabelos mais compridos e pelos mais bastos, assim como quadris mais largos e seios maiores, são as mais velhas... ou maduras, pois é assim que são as classificações por aqui.

— Entendo.

— Quanto às com cabelos curtos, sem pelos, de seios pequenos e quadris estreitos, na dimensão humana são classificadas como meninas.

— Mas todas têm quase a mesma altura, sendo que as únicas duas "meninas", acho que são mais altas! Como é isso, meu senhor?

— Aprendiz Sete, o crescimento dos seres nesta dimensão é rápido. Mas o amadurecimento é muito, mas muito mais lento que na dimensão humana.

— Quanto tempo levam para crescer e amadurecer?

— Aqui não contamos o tempo, Aprendiz Sete.

— Como fazem para classificar os seres?

— Aqui usamos a classificação por fases: temos a fase infantil; a fase juvenil; a fase de maturidade e a fase da ancianidade.

— Em que fase o senhor está?

— Na fase da maturidade, tal como estas fêmeas com traços mais maduros. Já as "meninas", estão na fase infantil.

— Com esses corpos?

— O que há com os corpos delas?

— Aos meus olhos, elas já se mostram mulheres formadas, meu senhor.

— De jeito nenhum, Aprendiz Sete. Elas podem, aos teus olhos humanos, parecerem "adultas". Mas nós julgamos os seres com outros critérios, que não são os corpóreos.

— Que critérios são esses, meu senhor?

— São o entendimento, seu grau evolutivo e seu grau de consciência.

— Como posso identificar essas coisas abstratas num ser concreto diante de mim?

— Vamos parar ali naquela lagoa que ensinarei a você como identificar aspectos abstratos em um ser "concreto", Aprendiz Sete.

Pouco depois, já à beira de uma lagoa cujas águas pareciam ser verdes por causa do seu fundo esmeraldino, sentamo-nos e ele começou a me ensinar como identificar aspectos abstratos em seres concretos... ou "marmóreos", aparentemente iguais aos meus olhos humanos.

Também, sem o menor traço de pudor, indicou-me detalhes íntimos nos corpos delas que, aí sim, aos meus olhos humanos, assumiram a condição de sinais diferenciadores e identificadores das fases da vida dos seres daquela dimensão mineral marmórea.

Ele também indicou em si certos detalhes que demonstravam sua maturidade, e vários aspectos abstratos que confirmavam sua evolução, seu entendimento e seu grau de consciência.

Nele, seu grau de consciência era apuradíssimo e criticou o modo de agir dos espíritos humanos, encarnados ou não, porque, mesmo tendo conhecimento da existência de Deus, quando se veem em dificuldades intransponíveis, começam a duvidar da existência d'Ele ou do amparo divino e permanente em nossa vida. Ele, que já havia visitado a dimensão humana em estudo, citou-me dezenas e dezenas de ações, reações, posturas e atitudes comuns às pessoas no plano material e aos espíritos, todas condenáveis, no entendimento deles.

Ouvi tudo com isenção e concordei em parte, já que, a meu ver, o meio vai formando os seres e vai influenciando seus conceitos morais e os aspectos do seu caráter. E, se assim é o meio humano, assim são os seres humanos, tanto os encarnados quanto os desencarnados.

Ele também me explicou que o ato de cumprimentarem alguém cruzando os braços sobre o peito só era aplicado aos espíritos oriundos de outras dimensões ou planos da vida, pois, ao cruzarem os braços sobre o peito, obstruíam o chacra cardíaco, que é por onde exteriorizamos nossos sentimentos, sejam eles positivos ou negativos, e com isso também bloqueamos as ondas irradiadas pelo chacra cardíaco de quem chega à nossa frente, mas que ainda não é tido como um irmão do "coração".

O ato de não irradiarmos ou de não absorvermos sentimentos nos livra de nos ligarmos a alguém que poderá nos decepcionar adiante.

— Nós só abraçamos quem já deu provas de que é digno do nosso amor fraterno, Aprendiz Sete.

— Espero mostrar-me digno do seu amor fraterno, meu senhor.

— Também espero ser digno do seu, Aprendiz Sete.

— Bem, contigo já aprendi como conter meus sentimentos. Antes, com uma guardiã irmã de mistério, eu já havia aprendido a conter a excitação que tomava conta de mim quando via certas imagens de corpos femininos. É o que sempre digo: vivendo e aprendendo!

— Você é guardião humano de algum mistério, Aprendiz Sete?

— Sou sim, meu senhor?

— De qual mistério?

— O senhor não o detectou em mim?

— Ainda não. Se bem que nem tentei isso, porque temos como antiético invadirmos o mental de alguém para descobrir seu mistério, e do qual é guardião.

— Entendo.

— Você tentou detectar qual é o mistério do qual sou guardião e que trago em meu íntimo?

— Não senhor. Eu não sei como se consegue isso, sabe.

— Se você já se sabe portador e guardião de um mistério, então não poderei adotá-lo, Aprendiz Sete.

— Por que não?

— Um guardião de mistério não adota outro guardião. Apenas o esclarece acerca de como proceder, caso seus mistérios sejam comuns ou iguais.

— O que são mistérios comuns ou iguais, meu senhor?

— Os mistérios comuns são aqueles que fluem na faixa ampla de um mistério maior. Eles são aplicados a campos diferentes, mas têm um único objetivo final.

— Cite-me um exemplo, por favor.

— Suponha que ambos sejamos portadores de um mistério ordenador dos procedimentos religiosos dos seres. Então, ambos atuaríamos ordenando o entendimento e a evolução dos seres no sentido da religiosidade. Mas eu poderia ordenar procedimentos religiosos no campo do mistério maior da fé e você poderia ordenar os procedimentos no campo do mistério maior da justiça. Ambos seríamos ordenadores dos procedimentos religiosos dos seres, mas atuaríamos em aspectos ou faculdades diferentes deles.

— Entendo, meu senhor. E quanto aos mistérios iguais?

— Aí ambos traríamos um mesmo mistério, do qual seríamos guardiões e o aplicaríamos nos mesmos aspectos e faculdades dos seres.

— Entendo. Neste caso não seríamos ou não agiríamos de forma diferente, certo?

— Errado, Aprendiz Sete. Se possuíssemos e guardássemos mistérios iguais, ainda assim haveria diferenciações em função do grau evolutivo, do entendimento e do grau de consciência de cada um de nós.

— Na verdade, sempre há diferenças, não?

— Há sim, Aprendiz Sete. Entendi o comportamento humano como sinal de fraqueza consciencial. Já você, entende como influências do meio em que vivem. Eu seria intolerante com os espíritos humanos e você seria tolerante, caso tivéssemos de atuar sobre eles como fatores evolutivos e conscientizadores.

— Quem estaria certo, meu senhor?

— Provavelmente seria você, Aprendiz Sete.

— Por que, meu senhor?

— Bom, você é um espírito humano, viveu com intensidade, e por muitas encarnações, o mistério humano da vida, enquanto eu, só visitei a dimensão humana em um estágio de estudo e aprendizado sobre o modo de ser, pensar e agir dos seres que vivem e evoluem nela. Entende?

— Entendo, meu senhor.

— Com toda certeza, você também terá dificuldade no trato com as atitudes dos espíritos naturais que vivem e evoluem neste nosso plano da vida, Aprendiz Sete. Logo, se agir ou reagir segundo seu entendimento humano, estará errando, porque sua consciência acerca do melhor modo de comportar-se está fundamentada em valores e conceitos típicos dos espíritos e da consciência coletiva humana.

— É, acho que é isso mesmo, meu senhor.

— Eu não acho que é isso! — exclamou ele.

— Por que não? — indaguei curioso.

— Tenho certeza de que é isso, Aprendiz Sete.

— Ainda bem! — exclamei aliviado — Achei que havia errado em minha conclusão, sabe?

— Por que você deixa de usar um termo conclusivo e recorre a outro, inconclusivo?

— É meu modo humano de me expressar. Saiba que isso é comum no nosso meio.

— Eis uma palavra que não denota certeza e indica insegurança de quem recorre a ela pois, se acha, não tem certeza e poderá mudar de opinião facilmente, desde que outro esclarecimento que pareça melhor lhe seja dado. Este procedimento é típico dos seres humanos, Aprendiz Sete.

— É verdade. Um escreve toda uma teoria e é aclamado como um inovador ou um gênio. Mas, caso alguém reescreva sua teoria usando termos novos e mais objetivos, quem a criou é esquecido ou tachado de ignorante e os aplausos de admiração irão todos para quem apenas aperfeiçoou algo que outro criou. E isso quando não surge alguém que escreva outra teoria, negando tudo o que aquela anterior afirmava, criando, com isto, dois campos opostos em que as opiniões dos seus leitores se polarizarão e cristalizarão divergências conceituais, gerando antipatias e inimizades intransponíveis.

— É isso, Aprendiz Sete. Nunca ache, sempre reflita um pouco e emita com certeza a sua opinião ou a sua crença em alguma teoria.

— Vou fazer isso, meu senhor.

— Os procedimentos mentais retos amoldam nosso comportamento. Já os procedimentos dúbios ou duais, discutíveis mesmo, estes enfraquecem nossa consciência e nos tornam volúveis, Aprendiz Sete.

— Também me lembrarei disso, meu senhor. Suas colocações são sábias e sensatas e as aceito como ótimas e muito instrutivas para mim. Obrigado!

— Não precisa agradecer-me, porque em mim é natural a ordenação dos procedimentos mentais e das atitudes comportamentais nas quais um mistério atua intensamente.

— Ainda que assim seja, aceite o meu muito obrigado, pois esta é uma reação natural dos seres humanos, que se sentem felizes quando recebem de alguém algo positivo!

— Como reagem os humanos quando sentem-se infelizes ou ofendidos com o que recebem de alguém?

— Em alguns casos magoam-se, em outros reagem muito negativamente.

— Entendo.

— Uma repreensão, se correta, magoa-nos, mas não nos ofende. Já uma repreensão infundada nos ofende profundamente.

— E quando a repreensão é vista como correta por quem a faz e é vista como incorreta por quem a recebe, o que acontece?

— Surgem discussões que acabam gerando inimizade e agressões verbais ou mesmo físicas, sabe?

— Sei sim. Vi isso acontecer entre pais e filhos, marido e esposa, irmãos sanguíneos e entre amigos quando estagiei na dimensão espiritual humana, Aprendiz Sete.

— É, isso acontece.

— Aqui isso não acontece porque entendemos o sentido de uma repreensão, de uma advertência e de uma censura.

— Então devem ter alcançado um estágio evolutivo muito elevado, meu senhor.

— Nós temos parâmetros a nos guiar e, se nos extrapolamos, logo alguém nos alerta, adverte ou repreende, não com o intuito de nos diminuir, ofender ou magoar, mas, sim, com um único objetivo: esclarecer-nos!

— Compreendo. Faça isso por mim, meu senhor!

— Eu farei, Aprendiz Sete. Mas lembre-se sempre disso: se repreendê-lo, será para esclarecê-lo, nunca para humilhá-lo ou ofendê-lo, certo?

— Lembrarei disso, meu senhor.

— Ótimo! Vamos absorver um pouco da energia aquática desta agradável lagoa?

— Como vocês fazem isso?

— Eu lhe mostro, Aprendiz Sete! — exclamou aquele meu guia-instrutor naquele plano mineral da vida.

Antes ele fez algo que despertou minha curiosidade: pegou sua espada e rodou para trás o cinturão, fazendo-a desaparecer, assim como o próprio cinturão.

— Como isso é possível? — perguntei curioso.

— Basta rodá-la para trás que ela desaparece, deixando de ser vista ou de interferir no meio onde eu estiver.

— Essa espada tem esse poder, meu senhor?

— Tem sim, Aprendiz Sete. Ela possui em si mesma um mistério tão poderoso que, caso alguém se aproxime de mim com o intuito de atacar-me, ela paralisa o intruso agressor e, se ele não recuar logo ela começa a irradiar-lhe um fluxo de ondas magnéticas que o esgotarão num piscar de olhos.

— Puxa! Que espada poderosa!

— Esta é uma espada guardiã, que conquistei com muito esforço e muita dedicação, Aprendiz Sete.

— Quem o distinguiu com ela, meu senhor?

— Foi o meu Senhor quem me honrou com esta espada simbolizadora do Seu poder e onipresença em minha vida, já que, como guardião do mistério que Ele é em si mesmo, sou Seu manifestador natural no meio onde eu estiver.

— Entendo. Posso saber quem é o teu Senhor, meu senhor?

— O meu Senhor, você talvez o conheça como senhor Ogum das Sete Pedras Sagradas.

— Este senhor Ogum ainda não conhecia, meu senhor.

— Ele é o senhor Ogum Ordenador do Mistério das Sete Pedras Sagradas, Aprendiz Sete. Esta dimensão mineral é ordenada por ele, sabe?

— Agora sei. Dê-me sua bênção, meu senhor! — falei, ajoelhando-me na frente daquele ser natural mineral manifestador do mistério do senhor Ogum das Sete Pedras Sagradas.

— Que o nosso divino Criador te abençoe, Aprendiz Sete. Mas, por que você pediu minha bênção?

— É um hábito meu proceder assim quando estou diante de alguém que não só me é superior em todos os sentidos, mas também é manifestador natural de um mistério do nosso divino Criador e dos nossos amados pais e mães regentes divinos.

— É uma atitude nobre e respeitável, Aprendiz Sete. Em nome do nosso divino Criador e dos nossos pais e mães divinos, eu o abençoo, abençoo, e abençoo, e clamo a eles que sua jornada seja coroada de êxito e seja uma bênção na vida de todos os nossos irmãos que cruzarem seu caminho ou venham a trilhá-lo sob sua guia e seu amparo, pois você também é manifestador de um mistério natural. Que sua vida seja uma bênção divina na vida de todos nós, meu irmão guardião!

— Que assim seja, meu senhor.

— Assim será, Aprendiz Sete. Assim será! Agora vamos nos energizar nesta lagoa agradável.

— Antes quero ver como vocês absorvem energias aquáticas, meu senhor.

Ele e suas companheiras entraram na lagoa e submergiram em suas águas e pouco depois retornaram à tona cintilando mil cores diferentes, que pouco a pouco foram entrando em seus corpos marmóreos. Então ele exclamou:

— É assim que se faz, Aprendiz Sete!

— Tudo bem. Mas, como é que vocês fazem isso?

— Nós mergulhamos na água e começamos a absorver suas energias, que pouco a pouco vão se condensando ao nosso redor. Depois disso feito, é só elevarmos a cabeça acima da água que as energias começam a ser absorvidas pelos poros do nosso corpo.

— Entendo.

— Saiba que a água tem em si tantos tipos de fatores que, ao absorvermos sua energia, concentram-se em grandes quantidades e assumem estas cores, as mais variadas possíveis. E quando os absorvemos, eles nos proporcionam um imenso bem-estar e nos energizam totalmente, fortalecendo-nos e nos potencializando em todos os sentidos.

— Compreendo.

— Se já entendeu e compreendeu, o que está esperando para entrar nesta lagoa?

— Eu... eu... — eu gaguejei e calei-me.

— O que você está querendo dizer-me, Aprendiz Sete?

— Bem... estou com vergonha de despir-me e ficar nu, sabe.

— Sei sim. Por acaso nossa nudez natural o incomoda, já que neste plano os corpos não são cobertos?

— Não incomoda desde que eu soube que é o vosso estado natural. Mas quanto a mim, sou acostumado a me ver coberto por esta minha veste, sabe?

— Eu sei disso, Aprendiz Sete.

— É isso, meu senhor! Estou com vergonha!

— Aprendiz Sete, uma pessoa nua incomoda em um meio onde todos cobrem seus corpos?

— Incomoda, meu senhor. Nós, os humanos, entendemos isso como um atentado ao pudor. A nudez é constrangedora no meio onde todos cobrem seus corpos e é vista como uma transgressão aos usos e aos costumes, sabe?

— Sei sim. Eu tive de cobrir meu corpo com uma veste energética plasmada pelo meu pai-instrutor quando fui estagiar na dimensão humana. Para mim, era um procedimento antinatural, já que não via razão para cobrir meu corpo.

Mas meu pai-instrutor esclareceu-me que os humanos têm o hábito de associar a nudez ao sexo e só se despem de suas vestes quando, isolados em seus aposentos, dedicam-se a praticá-lo com seus pares. Então eu, para não constrangê-los, cobri meu corpo com aquela veste energética e só a despia quando me recolhia ao meu aposento com as companheiras humanas com as quais pratiquei sexo enquanto lá permaneci.

— O senhor fez isso?

— Claro que fiz! O que há de errado em praticar um ato de trocas energéticas tão gratificante e tão bom para nosso equilíbrio mental, se praticado com moderação e sem ultrapassarmos nossos limites geradores de energias sexuais?

— Nós temos um limite na geração dessas energias?

— Temos sim. Se não as usarmos com regularidade elas começam a se acumular em nosso sétimo sentido e, pouco a pouco, vão paralisando determinadas faculdades mentais responsáveis pelo nosso senso de criatividade.

Agora, se excedermos nossos limites geradores delas, então o dispêndio excessivo esgota nosso magnetismo pessoal e o nosso mental desmagnetiza-se, deixando-nos expostos a fatores negativos que começam a degenerar nosso senso de equilíbrio, de limites, de julgamento e enfraquecem nosso caráter e distorcem nossos conceitos morais relacionados à sexualidade.

— Entendo.

— Se entendeu mesmo, então já percebeu que o ato de cobrir o corpo não é visto como natural neste plano da vida, onde só os Senhores divinos cobrem seus olhos com seus véus dos mistérios e seus corpos com as vestes simbolizadoras dos seus atributos divinos.

— Eu entendi sim, meu senhor. Mas saiba que o ato de ocultarmos algo é menos constrangedor do que o de exibirmos algo que, em nossa mente, já está codificado como algo que deve permanecer coberto.

— Está certo, Aprendiz Sete. Não vou constrangê-lo, pois respeito seu pudor. Mas, que você está renunciando a uma ótima oportunidade de naturalizar-se neste meio totalmente novo para você, isso está!

— Sei disso, meu senhor.

— Além do mais, também está deixando de realizar uma absorção energética muito boa para o fortalecimento do seu corpo espiritual e dos seus sentidos, sabe?

— Sei, meu senhor.

— Então saiba que, só praticando esta energização você a dominará realmente e dela se beneficiará sempre que desejar ou precisar. Saiba também que nós, os guardiões dos mistérios, às vezes nos desgastamos energeticamente durante as missões que realizamos fora do nosso meio natural. E você está fora do seu meio natural, que é o humano, não?

— Estou sim, meu senhor. Mas este meio não só me desgasta e ainda me energiza, pois estou me sentindo muito bem, muito forte e muito potente.

— Melhor para você que este meio o beneficie com as energias aqui geradas e irradiadas a todos.

— É melhor, sim. Nunca antes me senti tão bem.

Ele voltou a mergulhar na lagoa esmeraldina deixando-me a sós com meu pudor e minha vergonha. Então resolvi caminhar pelo bosque frutífero ali existente e embrenhei-me por um pomar tão variado quanto diferente dos que conhecia do plano material humano.

Senti vontade de provar algumas daquelas frutas diferentes, mas não ousei porque não sabia como meu corpo energético reagiria às suas energias altamente concentradas.

Eu apalpava aquelas frutas e as sentia como concentrações puras de vitaminas.

Em minha caminhada exploratória naquele bosque frutífero, acho que me afastei demais da lagoa, já que ele não terminava nunca. Em dado momento, ouvi risos e procurei localizar de onde vinham gargalhadas tão agradáveis.

Caminhei na direção que me conduzia até onde estavam aqueles seres tão alegres e logo me deparei com um grupo de moças, também de cor marmórea, tão belas quanto as que acompanhavam o meu irmão guardião.

Aproximei-me cauteloso e fiquei observando-as na faina de apanharem frutas.

Colhiam frutas de várias espécies e o faziam em meio a diálogos alegres, descontraídos e cheios de brincadeiras.

Lembrei-me dos detalhes a mim mostrados e ensinados pelo guardião e deduzi que eram jovens iniciando a puberdade. Mas logo tive de interromper minha classificação daquele grupo de seres minerais femininos porque algumas delas vieram apanhar frutas justamente do arvoredo onde eu me ocultava.

Fui visto e fiquei à espera da reação delas com a minha conduta antinatural observando-as sem seus consentimentos.

Mas elas, ao me verem, chamaram as outras e logo me vi cercado por jovens a me observar com admiração e curiosidade.

— Olá! — saudei meio acanhado.

— Olá, visitante! — responderam elas, que se descontraíram novamente.

Então iniciamos um diálogo que me pareceu confuso porque uma perguntava uma coisa e outra perguntava outra ao mesmo tempo.

— Esperem! Vamos organizar nossa troca de informações senão não poderei responder a tantas perguntas ao mesmo tempo, irmãs minerais. — Pedi, fazendo gestos com as mãos para que elas se acalmassem. E um silêncio se fez, só quebrado quando voltei a falar e, dirigindo-me a uma delas, pedi:

— Faça suas perguntas, irmã mineral.

Ela deu alguns passos e postou-se bem na minha frente a apenas alguns centímetros de distância. Olhou demoradamente nos meus olhos e só então me perguntou:

— Meu senhor, de onde vem?

— Eu venho da dimensão humana da vida, irmã mineral.

— Como o chamam, meu senhor?

— Chamam-me de Aprendiz Sete, irmã mineral.

— Quando o senhor chegou à nossa dimensão da vida?

— Cheguei há pouco tempo, sabe?

— Então o senhor ainda conhece muito pouco sobre este meio, não?

— Não conheço quase nada, irmã.

— Se o senhor nos ensinar sobre o meio humano, nós lhe ensinaremos sobre o nosso, sabe?

— Sei sim, irmã. Mas já consegui um guia-instrutor que me assumiu como seu irmão aprendiz.

Eu a vi entristecer-se e duas lágrimas afloraram em seus lindos e encantadores olhos, que eram verdes quase transparentes.

Aquelas duas lágrimas foram seguidas de muitas outras e logo dois filetes cristalinos corriam pelas suas faces marmóreas belíssimas.

Retirei do bolso de minha calça um lenço branco e comecei a enxugar suas lágrimas. Mas de nada adiantou porque ela não deixou de derramá-las.

Como eu não sabia o que fazer para consolá-la resolvi mentalizar aquele irmão guardião e, no instante seguinte, ele surgiu ao meu lado, já me perguntando:

— Qual a razão do seu chamado aflito, Aprendiz Sete?

Olhei para ele e o vi ainda coberto por aquela energia cintilante. Então me justifiquei:

— Meu senhor, não sei como proceder com esta irmã mineral.

— O que aconteceu que entristeceu ela e todas as outras que a acompanham?

— Não sei ao certo. Mas acho que elas ficaram assim porque esta pediu-me para ensiná-la sobre a dimensão humana e, em troca, ela me ensinaria sobre este meio. Eu só disse que já tinha o senhor como meu guia-instrutor!

— Não se aflija, Aprendiz Sete.

— Como não me afligir, se ela não deixa de verter lágrimas de tristeza?

— Para tudo existe soluções. Então haverá uma para este impasse.

— Que impasse? Eu só disse que o tinha como meu guia-instrutor.

— Ter-me como seu guia-instrutor não o impede de adotá-las como suas pupilas, impede-o?

— Impede-me?

— Eu creio que não.

— Nada de termos dúbios, meu senhor! Impede-me ou não?

— Já disse que creio que não. Basta você adotá-las como suas pupilas, que tudo se resolve, certo?

— Eu acho...

— Não ache, Aprendiz Sete. Diga que crê ou que não crê, está bem?

— Qual a diferença entre acho e creio?

— Achar é dúbio. Já o ato de crer implica em uma certeza.

— Bem... não vou ficar para sempre neste plano da vida. Então, pode ser que elas venham a sofrer mais ainda, caso eu as adote e depois parta.

— Não me preocupei com isto quando aceitei ser seu guia-instrutor. Por que você já está se preocupando com sua partida, se acabou de chegar?

— Eu sou humano, meu senhor. Raciocino a partir da minha consciência acerca dos meus atos e das consequências que deles resultarão. Além do mais, não me acho preparado o suficiente para servir como instrutor de seres que têm um modo de vida diferente do meu, sabe?

— Sei sim, Aprendiz Sete. Elas só querem conhecê-lo e à dimensão humana. É só isso e nada mais!

— Bom, se é só isso, então está certo. Afinal, mesmo no mundo dos espíritos eu era um aprendiz-iniciante.

— Um Aprendiz Sete não é um iniciante.

— Mas eu sou, meu senhor. Este nome me foi dado por uma irmã de mistério.

— Se ela deu-lhe este nome-grau, é porque ela viu em seu íntimo e em seu mental o direito de apresentar-se com ele, sabe?

— Não sei não, meu senhor.

— Todo aprendiz é um iniciado. E um Aprendiz Sete é alguém que traz em si sete graus iniciáticos e possui em seu íntimo um mistério sétuplo.

— O que é um mistério sétuplo, meu senhor?

— Todo mistério que se abre nos sete sentidos com a mesma desenvoltura, mesma potência e mesmo fluir é um mistério sétuplo.

— O mistério que trago em meu íntimo tem essa qualidade?

— Viva-o e descubra-se, Aprendiz Sete!

— O certo não seria o senhor dizer-me: viva-o e conheça-se?

— Não. Você precisa descobrir-se das múltiplas vestes com as quais tem ocultado seu mistério, Aprendiz Sete. Deixe de se ocultar atrás de camadas e mais camadas geradas por seu inconsciente enquanto durou seu adormecimento na dimensão humana da vida.

— Como posso fazer isso se desconheço a existência de tais camadas ocultadoras? Se é que elas existem de fato!

— Elas existem, sim. E uma delas é essa sua veste energética, dispensável num meio onde elas não se justificam.

— Quanto a esta minha veste, já lhe expliquei porque a uso. Logo, ela não tem nada a ver com algo que, a meu ver, é abstrato porque se localiza no meu inconsciente.

— Essa veste é só uma projeção inconsciente sua para livrá-lo de observações que associam a nudez à noção humana do pecado original cometido por Adão e Eva, Aprendiz Sete.

— Todos os povos humanos atuais usam vestes, meu senhor!

— A noção do pecado original não é exclusiva dos povos influenciados pelo pensamento judaico-cristão. Apenas esta noção foi revestida de todo um mito que justificou o uso de algo para encobrirem o sexo já que, ele sim, é quem foi associado à transgressão ou à violação de algo proibido, se não for sacramentado por alguém investido de poderes para realizar uma cerimônia unidora dos pares de noivos.

— Essa é a organização terrena das sociedades humanas, meu senhor.

— Eu sei disso. E sei que, se lhe disser que deve assumir estas suas irmãs minerais como suas pupilas pelo tempo que permanecer aqui, você as adotará. Mas se disser que você deve decidir por si mesmo, dúvidas e mais dúvidas brotarão em seu íntimo e a indecisão tomará o lugar da sua luta permanente contra o medo e a incerteza acerca do que é certo e do que é errado.

Sua indecisão acerca do que é virtude e o que é desvirtuamento o tem paralisado e obrigado a encobrir-se cada vez mais, Aprendiz Sete. E, se você continuar a negar-se o direito e o dever de decidir por si mesmo, então chegará um momento em sua existência que será tão dependente das decisões e opiniões alheias que se comparará às criaturas inferiores domesticadas que só fazem algo quando instigadas pelos seus domadores, porque temem desagradá-los.

— Puxa, o senhor é implacável no uso das palavras!

— Eu só o esclareci sobre o mundo fechado que você construiu à sua volta. Só disse o que devia dizer-lhe e o que você devia ouvir neste instante crucial de sua vida. Decida-se, Aprendiz Sete!

— Eu... eu...

— Reflita consigo mesmo e chegue por si à conclusão de que, se adotá-las como pupilas, irá acelerar a evolução delas, ou se o melhor é isolar-se mais uma vez dentro da redoma impenetrável que construiu à sua volta nas suas muitas encarnações. Fato este que ocultou em seu íntimo um magnífico mistério do seu Senhor e do nosso divino Criador.

— Vou refletir, meu senhor.

— Medite e decida por si mesmo, Aprendiz Sete. Mas seja qual for a sua decisão, não me peça para sacramentá-la, porque aqui os seres decidem por si mesmos e todos arcam com as consequências dos seus atos e colhem as benesses que advêm deles. Aqui ninguém espera o pós-morte para saldar seus débitos porque somos cobrados pela nossa própria consciência assim que cometemos uma transgressão. Ninguém aguarda a ascensão aos céus para receber recompensas pelos seus atos bons. Você sabe por que aqui é assim, Aprendiz Sete?

— Não sei, meu senhor. Ensina-me, por favor!

— Todo ato bom é um bem que se incorpora imediatamente na vida de quem o pratica. E com todo ato ruim o mesmo acontece e, não temos como negá-lo, já que ele transparece a partir de nós mesmos, sabe?

— Acho que sei, meu senhor.

— Continue achando, Aprendiz Sete. Mas só volte a me chamar ou a me procurar quando deixar de achar e começar a crer, está certo?

— Está sim, meu senhor. Obrigado por ter sido sincero e objetivo ao esclarecer-me.

— Não agradeça por algo que em mim é natural. Eu sou um guardião dos procedimentos, Aprendiz Sete!

— Sei que és assim, meu senhor. Releve este meu modo humano de agradecer quem me instrui, por favor!

— Nós vibramos satisfação íntima quando somos bem instruídos e vibramos decepção quando sentimos que fomos mal-instruídos. Não passamos o tempo todo agradecendo ou nos desculpando.

— Eu ainda não apreendi o senso das coisas por aqui, mas considero-me um bom aprendiz, sabe?

— Ainda não o vejo como tal.

— Não?

— Não mesmo. Você fugiu dos seus mestres humanos porque sentiu vergonha de esclarecer-se com eles acerca da excitação natural que se apossava de seu ser sempre que via o corpo original de suas irmãs humanas, ocultados pelas muitas vestes confeccionadas por seus inconscientes saturados por dogmas e tabus criados para desnaturalizar o comportamento instintivo dos seres, de todos os seres, Aprendiz Sete!

E você, inconscientemente, ficou muito satisfeito quando aquela sua irmã guardiã o ensinou como bloquear o fluir de algo que em você é natural por causa do seu mistério e, também, ensinou-o a anular a absorção do fator estimulador que antes você captava naturalmente porque é indispensável à sua potência natural. Ali, aos pés daquela cachoeira, você ocultou-se com mais uma veste, Aprendiz Sete!

— Eu fiz tudo isso, meu senhor?

— Você fez.

— Sinto muito, sabe?

— Sei sim.

— Preciso ficar a sós e refletir sobre tudo isto. Minha natureza humana o exige neste momento.

— E quanto a elas? O que você decidiu?

— Ainda não decidi nada, meu senhor. Minha mente está paralisada, e qualquer decisão tomada às pressas não será boa para mim ou para elas. Vou caminhar um pouco e refletir sobre tudo o que me revelou sobre mim mesmo. Quando souber por como agir, eu o procurarei e lhe comunicarei sobre minha decisão. Com sua licença!

Eu me despedi daquela irmã mineral de olhos lacrimejantes dando-lhe meu lenço e dizendo-lhe: — Até mais, irmã mineral!

Cabisbaixo, caminhei, caminhei e caminhei. E tanto caminhei que até o meio à minha volta já era outro quando caí de joelhos e um pranto dolorido brotou do meu peito contrito e me fez chorar muito alto.

Ali, em um lugar árido e quase sem nada à minha volta, eu chorei minha dificuldade em agir de forma natural quando era solicitado a agir dessa maneira.

Havia entristecido um numeroso grupo de espíritos minerais e vacilado quando instigado pelo meu guia-instrutor a assumi-las.

Eu fraquejara porque, de fato, comportava-me de modo antinatural. Mas isso, mais uma vez, eu havia me negado.

Após muito chorar, ao invés de voltar e assumi-las como pupilas e colher seus sorrisos de felicidade, levantei-me, limpei minhas faces e disse para mim mesmo:

— Aprendiz Sete, eu o assumo com o meu nome de agora em diante e vou decidir-me por mim mesmo sobre o rumo que minha vida haverá de ter de agora em diante!

Segui em frente na minha caminhada e, mesmo o meio se mostrando cada vez mais árido e hostil à vida, não me detive.

Só parei de caminhar em um meio já não luminoso, pois ali tudo parecia com o início do anoitecer no plano material e, se parei, foi porque vi à frente uma construção de pedra em estilo medieval.

Caminhei resoluto até seu gigantesco pórtico e bati várias vezes na porta maciça com uma pesada argola pendurada nela.

Logo surgiu ao meu lado um espírito vestido com uma pesada armadura e com uma longa espada a pender em sua cintura.

Após olhar-me de alto a baixo, ele perguntou-me:

— O que você deseja, espírito humano todo confuso?

— Desejo saber o que há do outro lado desta porta, meu senhor.

— Você não está preparado para cruzar este portal, espírito confuso!

— Se estou preparado ou não, isso não importa. Quero saber o que há do outro lado desta porta, meu senhor! — respondi-lhe, já irritado.

— Você só quer saber, ou também deseja cruzar este portal?

— Por enquanto, quero saber. E se o que há atrás dele interessar-me, então desejarei cruzá-lo. Mas se não me interessar, seguirei adiante até encontrar algo que me interesse.

— Antes, diga-me quem você é, espírito.

— Eu sou Aprendiz Sete, meu senhor.

— O que você já aprendeu, Aprendiz Sete?

— Nada que valha o seu tempo, meu senhor.

— O que você deseja aprender, Aprendiz Sete?

— Tudo que valha o tempo que despenderei para aprender e usar, meu senhor.

— Quem é o teu Senhor, Aprendiz Sete?

— O meu senhor é Deus, o meu divino Criador.

— Quem é o teu condutor, Aprendiz Sete?

— O meu condutor é o meu Senhor e meu pai Ogum, meu senhor.

— Por que você veio parar aqui, bem no limiar da luz e da escuridão deste plano da vida, Aprendiz Sete?

— Eu tive dificuldade em apreender o sentido da vida na parte luminosa deste plano, meu senhor.

— Se assim aconteceu contigo, o que o induz a crer que aqui, no limiar, aprenderá o que não conseguiu na luz plena?

— Uma máxima terrena me induziu, meu senhor.

— Que máxima é esta, Aprendiz Sete?

— Ela diz isto, meu senhor: "Se não aprendemos por meio do amor, haveremos de aprender pela dor!"

— Você está seguindo-a em seu sentido exato, Aprendiz Sete.

— Estou sim, meu senhor.

— Ainda há tempo de retroceder e retormar o aprendizado luminoso por meio do amor, Aprendiz Sete.

— Eu esgotei o meu tempo, meu senhor.

— Se você cruzar este portal, não poderá recuar.

— Não disse que vou cruzá-lo. Só quero saber se o que há do outro lado desta porta me interessa. Só isso, meu senhor!

— Aqui só fica sabendo o que há do outro lado desta porta quem ousa cruzar este portal, Aprendiz Sete.

— Então vou seguir meu caminho. Obrigado por ter despendido seu tempo comigo, meu senhor. Mas nunca mais cruzo um portal se antes não souber o que há do outro lado dele. Não mesmo!

— Se você seguir adiante, logo encontrará a escuridão total, que é o prenúncio de tormentos inimagináveis, Aprendiz Sete.

— Aos infernos os tormentos... e os seres atormentados como eu! Com sua licença!

— Espere, Aprendiz Sete!

— Por que, meu senhor?

— Eu acho que você já está preparado para cruzar este portal.

— O senhor acha ou tem certeza?

— Tenho certeza, Aprendiz Sete.

— Então me diga o que este portal oculta, meu senhor.

— Do outro lado deste portal há a mais rigorosa escola de preparação de Guardiões da Lei e da Vida, Aprendiz Sete.

— Isso me interessa, meu senhor.

— Você quer cruzar este portal sem retorno, Aprendiz Sete?

— Já me considero do outro lado dele, meu senhor. Conduza-me ao claustro dos meus sentidos!

— Você me adota como seu mestre-instrutor?

— Já o adotei. Só estou esperando ser adotado pelo senhor.

— Seja bem-vindo ao claustro dos seus sentidos e ao esclarecimento reto dos seus confusos sentimentos, Aprendiz Sete. Acompanhe-me!

— Eu o acompanho e o seguirei de agora em diante, meu senhor!

Ele volitou e eu o segui, indo parar numa sala de armas cheia de espíritos sisudos e de semblantes nada amistosos.

Após algum tempo de mútua observação, meu mestre-instrutor apresentou-me:

— Este é meu novo discípulo, chamado Aprendiz Sete!

— Bem-vindo, Aprendiz Sete. — Resmungaram eles à guisa de cumprimento. E um deles, inamistosamente, falou:

— Mais um tolo espírito humano que se acha preparado pra ser um Guardião da Lei e da Vida.

— Os espíritos humanos são dignos de pena! — exclamou outro.

— De pena mesmo! — exclamou outro, que ainda disse: — Logo este será mais um entre os muitos que já sucumbiram na primeira missão que receberam!

E todos aqueles seres naturais minerais gargalharam à vontade com o meu escárnio. E assim continuaram a gargalhada, mesmo quando, a uma ordem do meu mestre-instrutor, segui-o até outra sala, onde um sisudo e inamistoso senhor nos recebeu sem se dignar a desviar seus olhos do objeto em suas mãos.

— O que deseja, guardião Saginêh?

— Eu vim apresentar-lhe meu novo discípulo, meu senhor.

— Quem é ele, guardião Saginêh?

— Ele é o Aprendiz Sete, meu senhor.

— Seja bem-vindo ao seu fim, Aprendiz Sete. Se você mostrar-se digno do seu nome e do seu mistério, não desejará sair desta escola de guardiões. Mas, se se mostrar indigno, dela nunca mais sairá porque aqui mesmo será executado segundo os ditames que regem este estabelecimento que tanto amolda a têmpera quanto o caráter de um real portador de um dos mistérios naturais do Nosso Senhor e do nosso divino Criador.

— O tempo mostrará se sou digno ou não, meu senhor.

— Cale-se, Aprendiz Sete! Só o teu mestre-instrutor tem autorização para dirigir-me a palavra!

Eu me calei. É já ia me desculpar por ter transgredido uma das normas daquela instituição. Mas disse mentalmente: Aprendiz Sete, cale-se e nunca se desculpe pelo que não sabia! Cale-se e aprenda com seu próprio desconhecimento, seu idiota!

Mas o dirigente daquela escola de guardiões exclamou irado:

— Aprendiz Sete, ordenei que se calasse, pois também ouço teus pensamentos!

Nada mais pensei e silenciei meu mental, limitando-me a fitá-lo com ódio, muito ódio!

Ele abriu um sorriso e, dirigindo-se ao meu mestre-instrutor, disse-lhe:

— Boa escolha, guardião Saginêh! Teu discípulo Aprendiz Sete mostrou-se promissor. Prepare-o bem e terá um ótimo auxiliar humano.

— Obrigado por aprovar minha adoção do Aprendiz Sete. Com sua licença!

— Licença concedida, guardião Saginêh.

Meu mestre cruzou os braços sobre o peito mas, diferente daquele guardião da luz que os cruzava com as mãos espalmadas, ele os cruzou com elas fechadas. Anotei os detalhes e o segui sem dirigir-me ao chefe daquela escola.

— Eu não lhe concedi licença para retirar-se, Aprendiz Sete!

Estanquei de pronto e me virei novamente para ele, sustentando seu olhar desafiador e que transpirava um sentimento de superioridade prazerosa.

— Você não pediu licença para se retirar, Aprendiz Sete!

Olhei para meu mestre-instrutor e fiquei à espera de sua instrução, já que eu não podia dirigir a palavra ao ser à minha frente. E ele instruiu-me:

— Você é um iniciante, Aprendiz Sete. Ajoelhe-se diante do seu comandante geral e fique no aguardo da licença para retirar-se, e só se levante quando ele concedê-la.

— Sim senhor, meu senhor!

Ajoelhei-me e fiquei no aguardo da licença. Mas, ao invés de dá-la, ele começou a destilar contra mim toda a sua antipatia e começou a insultar-me com palavras nada agradáveis de serem ouvidas:

— Aprendiz Sete, você se julga um incompreendido, não é mesmo? Por acaso você se julga especial? Já vi muitos como você, sabe? E todos acreditavam que eram os outros que falhavam com eles, ao invés de reconhecerem que haviam falhado e decepcionado quem havia assumido suas instruções.

Saiba que é sempre assim, Aprendiz Sete! Vocês, os fracos e os despreparados para a vida, nunca reconhecem que são os elos fracos da criação e nunca chegam a lugar algum porque nunca saíram da paralisia mental que se apossou de seus mentais assim que encarnaram pela primeira vez.

Vocês são indignos dos mistérios adormecidos em seus íntimos pela Lei e pela Vida!

Saiba que aqui é o último recurso para você conseguir esta proeza. Daqui, só sairá se for para adormecer nas trevas, pois nunca mais reencarnará para ocultar sob uma nova veste suas fraquezas "humanas"!

E ele falou, falou e falou. E tanto falou que tive vontade de voar em sua direção e esganá-lo, só para deixar de ouvi-lo ofender a mim e à espécie humana, tidos na conta de indignos do amparo que recebíamos do nosso divino Criador. E ele continuou:

— Salte sobre mim, Aprendiz Sete! Faça isso ou reconheça que até agora você foi um espírito inseguro e tão cheio de dúvidas que não ousa extravasar seu amor ou seu ódio porque sempre preferiu recorrer à alternativa dos covardes: fugir dos seus deveres e virar as costas àqueles que viram em você uma bênção, mas foram decepcionados, pois era só mais um dos muitos fracassados que perambulam pelos desvios da vida!

Eu engoli meu ódio e minha revolta e, a muito custo, falei-lhe:

— Não vou descarregar no senhor o ódio que sinto neste momento porque sei que só está dizendo o que preciso ouvir. Obrigado por ser reto e direto com um ser desprezível como eu, meu senhor. Se vim até aqui, é porque quero modificar-me e ser alguém digno do meu nome, do meu mistério e do meu Senhor e divino Criador.

— Não gostei de você, Aprendiz Sete!

— Não vim até aqui para ser amado e nem para ouvir alguém dizer que gosta de mim. Se cruzei o portal desta escola de guardiões, foi para conhecer-me e descobrir-me, e nada mais peço ou pedirei, meu senhor. Conceda-me o direito de descobrir na cláusura o que não ousei fazer quando caminhei livremente na luz. Conceda-me o direito de alcançar na dor o que não tive coragem de conquistar no amor!

— Não tenha dúvida de que te concederei na dor o que você não soube, não ousou e não teve coragem de adquirir por meio do amor, Aprendiz Sete!

— Sinto-me honrado e satisfeito em poder instruir-me, conhecer-me e descobrir-me nesta honrosa escola de guardiões, meu senhor.

— Aprendiz Sete, vê esta coisa em cima de minha mesa?

— Vejo, meu senhor.

— Sabe o que é isto?

— É uma pedra, meu senhor. Esta rocha é abundante no plano material da vida.

— Eis tua primeira missão: descobrir o mistério desta pedra, subjugá-lo e torná-lo manipulável por nós, os guardiões da lei, que rege os mistérios e suas aplicações na vida dos seres.

— Eu assumo esta missão, meu senhor.

— Então, pegue-a e só me devolva quando tiver conseguido isso, Aprendiz Sete! — e ele pegou aquela pedra e a lançou em minha direção.

Estendi as mãos para a frente e para cima e consegui pegá-la. Mas o seu impacto com minhas mãos despertou algo nela que liberou uma irradiação quente e cortante, pois avançou pelos meus braços abrindo cortes profundos.

E aquela irradiação continuou avançando por meu tórax, abrindo cortes e mais cortes, pelos quais verteu uma energia escura.

Eu urrava de dor e tentava largar aquela pedra que estava me retalhando todo. Mas ela grudou em minhas mãos e não se soltava de jeito nenhum.

A dor era tanta que eu rolava no chão e batia com as mãos, tentando desgrudá-la.

Aquela irradiação quente e cortante já descia pelas minhas pernas quando elevei meu pensamento a Deus e clamei:

— Meu Senhor, meu Pai e meu divino Criador, eu O trago em meu íntimo e jamais O desonrei. Ajude-me, meu Pai!

O fato é que, em meu íntimo, vibrou algo e dele brotou uma irradiação ígnea que percorreu meus braços e envolveu aquela pedra, isolando-a e soltando-a de minhas mãos.

A irradiação em volta da pedra virou um líquido e, a seguir, cristalizou-se, isolando-a por completo.

Eu, mesmo tremendo de dor e com o corpo todo coberto pelo líquido escuro e viscoso que corria dos cortes abertos, apanhei aquela pedra incomum e, num desabafo que saiu do mais íntimo do meu ser, falei a ela:

— Sou o Aprendiz Sete, pedra da minha dor! Você tentou destruir-me e não conseguiu. Agora, eu vou subjugar o mistério que flui através de você e vou dominá-lo com a minha fé no Senhor meu Deus, meu Pai e meu divino Criador!

Se é um mistério, eu também sou! E vou curvá-lo, subjugá-lo, dominá-lo e colocá-lo como um desejo meu a ser cumprido à custa da minha própria existência, pedra da minha dor!

Sou Aprendiz Sete, meu senhor Ogum! Mil lâminas não me destruíram e mil lâminas eu conquistei em meu próprio corpo através desta pedra da minha dor, meu amado Pai! — urrei entre dentes.

Então, num impulso, apanhei aquela pedra viva e disse-lhe:

— Minha vontade é maior que o teu poder, pedra da minha dor! Vou envolvê-la com minha dor e diluí-la toda para, a seguir, amoldá-la segundo minha vontade!

E do mais íntimo do meu ser, irradiei sobre aquela pedra, que aos poucos se liquefez dentro do invólucro vítreo.

Então olhei fixamente para aquele líquido e mentalmente ordenei:

— Você agora se transformará na espada da minha dor, líquido quente!

Aos poucos, aquele plasma foi amolecendo o revestimento vítreo e este foi se amoldando na forma de uma espada imaginada por mim em meio a dores lancinantes. E quando ela ficou totalmente plasmada em minhas mãos, eu disse:

— Agora vou partir este revestimento vítreo e vou empunhá-la e consagrá-la a meu Senhor e divino Criador, espada da minha dor!

E fiz isso: consagrei aquela espada da minha dor ao Senhor Deus. Depois disse:

— Agora vou consagrá-la ao meu Pai e meu Senhor Ogum! Mas antes, vou banhá-la em meu próprio sangue para que você absorva minha dor e a irradie sempre que eu elevá-la acima da minha cabeça, espada da minha dor!

Após a embeber no líquido que vertia pelos cortes em meu corpo, elevei-a acima de minha cabeça e a consagrei ao meu Pai e meu Senhor Ogum. E do alto do altíssimo desceu uma irradiação rubra como o sangue e penetrou naquela espada, levando consigo e para dentro dela o meu próprio sangue que a encobria toda.

O seu cabo dourou e na ponta dele formou-se um enorme rubi, todo facetado e que mostrava em seu interior a estrela viva do meu Pai e meu Senhor Ogum.

A seguir, eu a segurei com firmeza e a apontei para o solo empapado pelo líquido viscoso que corria do meu corpo e, num urro de ódio e de dor, enterrei-a nele, que era feito de algum tipo de pedra ainda desconhecida por mim.

Ela rachou aquele solo pétreo e enterrou-se até o cabo. Então, segurando-a com firmeza, ordenei:

— Absorva todo este sangue, espada da minha dor!

Num piscar de olhos, todo o líquido escuro espalhado pelo solo refluiu para a espada. Depois eu a puxei para cima, muito trêmulo, estendi-a ao comandante daquela escola de guardiões e falei:

— Missão cumprida, meu senhor. Devolvo-lhe a pedra, que agora está contida nesta espada que se tornou em si mesma um mistério do Senhor nosso Deus e do nosso Senhor Ogum. Guarde-a e preserve-a segundo os ditames dos guardiões dos mistérios fechados, meu senhor.

Ele, após olhá-la rapidamente, falou-me:

— Aprendiz Sete, você honrou seu nome, seu Pai e seu Senhor. Nomeio-o guardião da espada da sua dor, que de agora em diante será um dos mistérios fechados do nosso Senhor Ogum.

— Assim disse o senhor, assim será para mim. E quem tentar se apossar dela e do seu mistério sem meu consentimento, que receba desta lâmina toda a minha dor, aqui absorvida!

— Assim será, Aprendiz Sete! — exclamaram muitos guardiões ao mesmo tempo, pois todos haviam acorrido até aquela sala por causa dos meus urros de dor e haviam assistido parte do que ali havia acontecido.

Mas a seguir, por causa da dor lancinante, fiquei zonzo e perdi os sentidos, desabando no solo pétreo.

Só voltei a mim muito tempo depois, mas logo desejava voltar a perder os sentidos, de tanta dor que sentia.

Deitado em uma cama e todo enfaixado, eu parecia uma múmia a gemer de dor.

Algum tempo depois percebi que entrava alguém no quarto. Era uma "enfermeira" com uma bandeja de "medicamentos", a qual ela depositou em uma mesa ao lado da minha cama.

Voltando sua atenção para mim, perguntou-me:

— Como se sente, meu irmão?

— Com muita dor, irmã! — respondi entre um gemido e outro.

— Vou fazer um curativo em seu corpo. Doerá muito, mas depois aliviará seu sofrimento. Peço que aguente e entenda que nada mais podemos fazer com alguém no seu estado.

— Faça o que tem de ser feito, irmã. E não ligue para os meus gemidos de dor.

— Está certo, irmão. O que o atingiu para você ficar nesse estado? Por acaso lutou com alguma legião de espíritos trevosos?

— Você não sabe o que me atingiu, irmã?

— Quando trazem um guardião para cuidarmos, nunca dizem nada além disto: "Cuidem dele e vejam o que podem fazer para minorar seu sofrimento".

— Bem... então faça o que for possível para minorar meu sofrimento, irmã.

Eu calei-me, voltando a gemer de dor e ela começou a desenfaixar meu corpo dolorido.

Quando fiquei todo exposto, pude ver a extensão dos estragos causados em mim por aquela pedra misteriosa: cortes e mais cortes, abertos e vertendo um líquido já não tão escuro, mostraram-me o que havia realmente acontecido comigo.

A enfermeira apanhou uma vasilha contendo um líquido esverdeado e um chumaço de algo semelhante a algodão, ao qual embebeu e começou a aplicar nos cortes.

Ela embebia e espremia, derramando aquele líquido, que queimava e ardia ao mesmo tempo.

Quando terminou de aplicá-lo, eu ardia como se estivesse em estado febril, e dos meus olhos corriam lágrimas em abundância, de tão forte que era a dor que sentia. Mas, a seguir, ela abriu um frasco e começou a aplicar uma pomada gelatinosa e um frescor agradável começou a adormecer minhas dores.

Após cobrir meus ferimentos com aquela gelatina refrescante, ela pegou faixas limpas, tornou a cobrir o meu corpo. Só deixando descobertos os meus olhos e o meu sexo, que não foram alcançados por aquela irradiação cortante.

— Agora vou dar-lhe um pouco de um extrato que irá ajudar na sua recuperação, irmão. — Falou ela, ajeitando-me na cama.

Bebi todo um copo daquele extrato meio adocicado, e logo voltei a dormir profundamente. Mas, antes de apagar totalmente, ainda a senti ajeitar meu corpo na cama com delicadeza. Ainda a ouvi murmurar:

— Ainda bem que nem tudo foi cortado, senão este belo espírito teria sido deformado e inutilizado.

Nada respondi e preferi adormecer.

Periodicamente ela vinha trocar os curativos e dar-me aquele extrato que me fazia dormir logo após ingeri-lo.

Os cortes estavam se fechando e a dor já era suportável, ainda que eu não pudesse mover-me para não abri-los novamente. E sempre adormecia ouvindo ela falar-me com ternura. E numa das vezes, mesmo adormecendo cada vez mais, excitei-me todo com suas palavras, pois ouvi ela murmurar:

— Que bom que já começa a reagir às minhas carícias!

Adormeci excitado, e acordei do mesmo jeito.

Quando ela entrou no quarto, eu havia me coberto e estava deitado de costas para ocultar aquela excitação. Mas ela foi logo me descobrindo e, ao ver meu estado, sorriu-me e falou:

— Você já está quase curado, Guardião da Espada do Amor.

— Eu sou Guardião da Espada da Dor, irmã enfermeira.

— Aquela ali é a sua espada da dor, meu senhor! Esta aqui, e para mim, é uma poderosa, bela e atraente espada do amor! Outra igual jamais vi e duvido que venha a ver. Posso tocá-la com você acordado, meu senhor?

— Este é o seu desejo?

— É sim, meu senhor.

— Por que você me chama de teu senhor?

— Já me entreguei ao senhor, meu senhor. Só estou esperando que se recupere totalmente para assumir-me, sabe.

— Eu já a tenho como minha, bela enfermeira. Só estou aguardando estes cortes se fecharem de vez para, aí sim, assumi-la por inteiro e em todos os sentidos.

— Não sei se resistirei até você se curar totalmente, meu senhor.

— Eu sei como aliviá-la desse seu desejo. Vai doer-me um pouco por causa desses cortes, mas creio que valerá a pena porque ambos seremos beneficiados.

— Não quero causar-lhe dores, meu senhor. Talvez alguns cortes se abram.

— Venha, abrace-me e envolva-me todo.

De fato, ela estava possuída pelo desejo de abraçar-me e logo envolveu-me todo, e uma sucessão de êxtases sacudiriam seu belo corpo. E eu, só de vê-la realizando seus desejos de forma tão intensa, senti brotar em meu íntimo um calor, um fogo abrasador que explodiu por todo o meu corpo em ondas sucessivas e incontroláveis por minha mente, já que era delicioso senti-las serem emanadas. Saí daquela posição passiva e assumi o comando das coisas dali em diante, sem sentir dor alguma.

Por quanto tempo ficamos nos amando e vivenciando aquele êxtase, não sei. Mas não paramos até ela adormecer em meus braços, com uma expressão de satisfação no seu rosto, muito corado a meu ver, pois ela era uma fêmea natural mineral cuja "pele" era alvíssima, quase branca como o talco.

Devo esclarecer que eu ainda estava dentro daquele plano mineral da vida e, se ela não era de cor marmórea, no entanto, sua pele macia e sedosa como o talco era alvíssima.

Apesar de ela ter minha altura e, aos meus olhos, parecer uma mulher já feita, eu havia observado-a bem e havia notado que ela era classificada como uma jovem, quase moça.

Como eu não sentia mais as dores, sentei-me ao seu lado na cama e fiquei a observá-la atentamente e a comparar seu corpo, levemente modificado, com o que vira antes. E as diferenças foram se mostrando de forma notável, mesmo a um observador menos atento!

Após observá-la bem, disse para mim mesmo:

— Aprendiz Sete, eis aí alguém muito especial, pois você a marcou de maneira irreversível e, de agora em diante, ela não será mais a mesma. Eis sua primeira conquista amorosa, tolo espírito que temia tocar em um corpo feminino desde que vivia no plano material!

— Você nunca havia tocado ou se relacionado com uma fêmea, Aprendiz Sete? — falou uma voz feminina às minhas costas.

Assustei-me e me virei muito envergonhado por ter sido descoberto tendo ao meu lado senhoras.

Após ver que era outra enfermeira, já madura, falei:

— Desculpe-me minha senhora. Eu não percebi que havia entrado no quarto.

E, meio estabanado, joguei o lençol sobre nossos corpos, cobrindo o corpo da minha nova companheira e tentando ocultar a vergonha que eu sentia por ter sido flagrado no leito com uma fêmea, quase uma "menina", segundo o entendimento daqueles seres naturais minerais.

Aquela senhora riu da minha reação e falou:

— Por que vocês, os humanos, reagem assim, de forma tão antinatural quando estão com uma fêmea e são vistos por alguém?

— Não sei ao certo, minha senhora. Mas acredito que é porque o sexo é associado ao pecado, e praticá-lo na frente de alguém é considerado um ato constrangedor, obseno mesmo, sabe?

— Por que um ato tão natural entre os seres foi revestido de tantos procedimentos antinaturais, Aprendiz Sete?

— Não sei, minha senhora. Nasci em uma sociedade já formada e onde todos procediam assim. E fui amoldado por ela, sabe?

— Sei sim. Eu já estagiei na dimensão humana da vida e estudei os comportamentos humanos por um tempo mais longo que o que você viveu no plano material.

— Estagiou lá tanto tempo assim, minha senhora?

— Estagiei, Aprendiz Sete. E só retornei quando satisfiz todas as minhas curiosidades.

— Quais foram as suas conclusões, minha senhora?

— Umas foram ótimas e outras nem tanto. Péssimas mesmo, sabe?

— Por que foram péssimas?

— A possessividade humana constrange nosso senso de irmandade e de fraternidade, Aprendiz Sete.

— Pode explicar-me suas conclusões?

— Posso sim. Aqui, temo-nos na conta de irmãos, todos filhos de um único e divino Criador.

Vemos os mais velhos como seres muito especiais, pois podem nos instruir, e vemos os mais novos como os seres a quem devemos instruir.

Não alimentamos sentimentos de possessividade, de cobiça, de ciúme, de desprezo, de ódio ou de superioridade pois, se somos irmãos, somos membros de uma enorme família que deve se amparar mutuamente o tempo todo.

Não admitimos o desrespeito a nenhum dos membros de nossa família coletiva e não deixamos de auxiliar-nos uns aos outros em caso de surgirem dificuldades em algum aspecto da vida.

— Vossa sociedade é, para nós, os humanos, uma utopia, minha senhora.

— Eu sei disso, Aprendiz Sete. Olhe para esta minha filha e diga-me a quem vê.

— Ela é sua filha?! — perguntei assustado.

— É sim. Por que você reagiu assim quando soube que ela é minha filha?

— Eu... sabe... puxa, que encrenca que criei!

— Por que acha que criou uma encrenca?

— Bem, nós não nos casamos e já nos amamos, sabe? E ela, a meu ver, era uma mocinha virgem. Puxa... sinto muito, minha senhora!

— Aprendiz Sete, anule a hipocrisia humana do seu íntimo.

— Não estou sendo hipócrita. Só estou constrangido por ela ser sua filha.

— Se ela não fosse minha filha, você não estaria tão constrangido?

— Estaria sim. Aí só teria de justificar o fato de ter sido flagrado no leito com uma jovem da qual me aproveitei.

— Você não se aproveitou dela, mas, sim, iniciou-a nos mistérios da sexualidade, tanto da mineral quanto da humana, porque ela é uma fêmea mineral e você é um macho humano.

Não desenvolvemos esses conceitos de perda da pureza, mas sim entendemos como nossa iniciação nos mistérios da sexualidade e na passagem de um estágio para outro em nossa vida.

Antes, ela não sabia como era. Agora, não só já sabe, como vivenciou com intensidade um desejo natural que vinha vibrando em seu íntimo já há algum tempo, quando contei-lhe como são os espíritos humanos.

Foi só isso o que aconteceu aqui, Aprendiz Sete! Não transforme um ato natural e um procedimento correto em um ato constrangedor e em um drama em sua mente. Só você está constrangido, sabe?

— A senhora não ficou constrangida?

— Nem um pouco. Eu até incentivei esta minha filha a tomar a iniciativa porque sabia que se ela fosse esperá-la de você, nada disso se realizaria em suas vidas.

— A senhora sabia?

— Eu sabia, Aprendiz Sete. Eu sou a diretora deste estabelecimento de cura e capto todos os pensamentos dos que se encontram dentro dele. Eu "ouvi" seus pensamentos quando ela acariciou-o pela primeira vez. Você se lembra do que pensou?

— Não, senhora. Eu estava febril e sonolento por causa do efeito do extrato para dormir.

— Você pensou isto: "Se não fosse minha timidez, medo de errar e pecar, eu a tomaria em meus braços, mesmo com dor, e a amaria com tanta intensidade que a faria adormecer em meus braços e no sono do prazer".

— Eu pensei tudo isso?

— Pensou. E só fez tudo isso agora porque estimulei minha filha a tomar a iniciativa ou ela ficaria sofrendo por causa de um desejo não realizado no momento em que sua sexualidade já havia aflorado em seus sentidos.

— Bem... obrigado por ter nos compreendido e nos ajudado, minha senhora.

— Não precisa me agradecer, Aprendiz Sete. Só cumpri com o meu dever de auxiliá-los, e nada mais. Saia de baixo desse lençol para eu livrá-lo dessas ataduras. Seus ferimentos cicatrizaram assim que um fogo muito poderoso aflorou de seu íntimo.

— Até isso a senhora "ouviu"?

— Não. Isto eu vi porque estava sentada ali, naquele canto do quarto desde que vocês começaram a se amar.

Já descontraído e sem me constranger com mais nada que viesse a saber, perguntei:

— Por que ficou assistindo se foi a senhora que a estimulou em tomar a iniciativa?

— Bom, ela ainda é uma "menina" aos meus olhos e não sabia como proceder.

— Como é que é?

— É como você ouviu, Aprendiz Sete. Este é um plano da vida onde as mães da vida ou mães geradoras só geram seres fêmeas, sabe?

— Não sei não, minha senhora. Tudo aqui me é desconhecido. Não sei como ouvem os meus pensamentos; surpreendo-me a cada instante e não cessam as revelações e situações tão difíceis para mim, que já não sei de mais nada, sabe?

— Eu já disse que ouço todos os pensamentos vibrados pelos seres que estiverem dentro dos limites deste estabelecimento de cura.

— Quem mais ouve os meus pensamentos?

— Todas as minhas filhas, Aprendiz Sete.

— Quantas filhas a senhora tem?

— Milhares, sabe?

— Agora sei... e acabei de saber que todas também ouviram aquele meu pensamento... e todos os que vibrei enquanto amava esta sua filha, assim como estão ouvindo o que estamos conversando. É isso, não?

— Não é isso, Aprendiz Sete.

— Como não, se a senhora mesmo...

— Eu disse que ouvimos os pensamentos. Mas quando falamos, aí o som da nossa voz não se propaga além de alguns metros. Já com o pensamento, o mesmo não acontece, e suas ondas vibratórias transportadoras do que foi pensado fluem no espaço e são captadas por quem faz parte deste estabelecimento e está ligado mentalmente a ele, sabe?

— Agora sei... que há por aí uma porção de filhas suas que ouviram tudo o que pensei enquanto amava esta sua filha. Que coisa!

— Por que a contrariedade, se tudo o que você pensou foi elogioso, agradável de ser "ouvido" e muito estimulador, pois você gostou muito de amá-la?

— Isso me preocupa, minha senhora.

— Só porque todas as minhas outras filhas apreciaram o que você fez com esta?

— Não é só por isso.

— O que mais o preocupa, Aprendiz Sete?

— A senhora não sabe?

— Como posso saber se você não me revelou o que mais o preocupa?

— O meu mistério, e como ele se manifesta neste meu sentido.

— Como ele se manifesta nesse seu poderoso sentido da vida, Aprendiz Sete?

— Segundo uma irmã de mistério, ele capta todas as vibrações emitidas de desejo dos seres femininos à minha volta.

— Todo mistério tem o poder de captar todas as vibrações à volta dele no sentido em que ele se manifesta.

— Eu sei. Mas ela havia me ensinado a não permitir que as irradiações de desejo, projetadas em ondas contínuas, ligassem-se a mim e começassem a gerar em meu íntimo um fator estimulador que me excita e me deixa assim, como a senhora está me vendo.

— O seu mistério flui através do seu sétimo sentido? Que bom, Aprendiz Sete!

— Bom? Como pode ser bom, se já vejo tantos cordões finíssimos ligados a mim e não consigo desligá-los, tal como eu fiz com os projetados por algumas irmãs guardiãs à esquerda humana?

— Bem, se você conseguiu desligar os cordões projetados por suas irmãs à esquerda humana, é porque eram cordões que seu mistério classificou como negativos. Já estes que você não consegue desligar, mesmo com todo esse seu esforço mental, se não consegue, é porque seu mistério os classificou como positivos e já adotou todas nós como beneficiárias dele, sabe.

— Todas vocês?!!!

— Eu também já me sinto adotada por você e já estou sendo beneficiada sutilmente pela irradiação que seu mistério humano e sétuplo está me enviando através desses cordões, fendas, pois já estamos ligados por cordões energéticos, Aprendiz Sete!

— Essa não! Meu mistério fez tudo isso sem ao menos eu saber ou poder impedir que as ligações fossem repelidas por minha mente, tal como consegui com os cordões projetados por aquele grupo de jovens apanhadoras de frutas.

— Você bloqueou os cordões projetados ao seu mistério por elas, Aprendiz Sete? — perguntou-me aquela senhora, entristecendo e começando a derramar lágrimas pelos seus olhos azuis-celestes.

— Não foram só estes que não permiti que se ligassem a mim. Os que outras projetaram, eu também bloqueei. As companheiras de um guardião também haviam feito isso, sabe!

— Por que você fez algo tão terrível para a vida delas? Não percebe que os cordões projetados por elas, e recusados por você, agora estão ligados a algum ser manifestador de algum mistério anulador da sexualidade e do amor que aflorou nelas assim que viram em você o par ideal humano e o realizador dos seus desejos, alguém apto a iniciá-las nos mistérios do amor?

— Eu fiz tudo isso ao bloquear as ligações energéticas através de cordões?

— Você fez. Agiu de forma tão antinatural como costumam agir todos os espíritos humanos conscientizados negativamente sobre os sentimentos que brotam naturalmente e devem fluir com naturalidade senão se transformam em bloqueios intransponíveis e em ligações doloridas ou atormentadoras.

— Meu pai e meu senhor! Como é triste não me conhecer como realmente sou!

— Realmente é muito triste, Aprendiz Sete. A vida tem seus mecanismos para fluir continuamente, mas, caso alguém bloqueie seu fluir, ela reage com fúria e traz a justa punição de forma tão natural e tão espontânea, que não temos consciência de que é ela nos cobrando pelos nossos atos.

— Entendo, minha senhora. Eu as recusei e as abandonei no pranto silencioso, fugindo como um covarde.

Mas a vida me puniu logo adiante me lançando na dor e abrindo em meu corpo, e de forma dolorida e angustiante, as "fendas" naturais que não ousei abrir porque acreditava que estaria cometendo um pecado e um ato desumano caso as assumisse. É uma justa punição, minha senhora!

— Nenhuma punição natural é injusta. Mas, para ela se tornar uma bênção em sua vida, você deve entendê-la como uma "lição da vida" e transformá-la em um aprendizado inesquecível e num parâmetro estabelecido pelo seu mistério, ao qual, toda vez que ultrapassá-lo, será punido de maneira dolorida.

— Que parâmetro é esse, minha senhora?

— Seu mistério tem uma faixa própria por onde flui, e sempre o conduzirá para onde você deve estar, e você deve deixá-lo fluir com naturalidade. E, se ele é sétuplo, então deve redobrar sua atenção, porque ele não se manifesta só neste seu sentido e não detecta só as carências emocionais ou necessidades energéticas das tuas irmãs.

— Entendo. Se fui parar naquela escola de guardiões, com certeza lá há algo que devo aprender a realizar, certo?

— É isso mesmo, Aprendiz Sete.

— E, talvez aquele irmão guardião marmóreo tivesse me assumido se eu só precisasse dele, não é mesmo?

— Que irmão guardião é este?

Contei-lhe tudo sobre aquele guardião da luz e não omiti que não me despi na frente dele para não constrangê-lo, já que, não sei como, eu havia captado nele uma insatisfação quanto à sua sexualidade e quanto à sua limitação na adoção de irmãs como pares ideais e companheiras de jornada evolutiva.

— Você chegou a este plano da vida de que forma, Aprendiz Sete?

— Bom, eu ainda refletia em tudo o que havia aprendido com uma minha irmã de mistério quando, de uma pedra, saiu uma irradiação que se tornou uma passagem para este plano da vida.

— Aquele seu irmão guardião foi o primeiro a recepcioná-lo?

— Não. Antes, percebi que sobre mim pairava um ser divino, que, mentalmente, comunicou-se comigo e alertou-me sobre várias coisas. Só depois é que aquele irmão guardião surgiu na minha frente.

— Aprendiz Sete, foram os regentes divinos deste plano mineral da vida que o trouxeram para cá. Você foi visto e identificado por eles como apto a suprir carências emocionais e deficiências energéticas existentes neste nosso meio mineral.

— Nossa!!!

— Assuma seu grau e sua condição de ordenador energético de um plano da vida, meu senhor! Assuma-o enquanto a vida ainda está concedendo-lhe meios para realizar algo que só você pode porque traz em seu íntimo um mistério do nosso divino Criador e do nosso Senhor. Assuma seu mistério, sua ancestralidade e sua condição de ordenador natural das carências emocionais e das deficiências energéticas existentes à sua volta!

— Como devo proceder para assumir tudo isso, minha senhora?

— Curve-se diante do nosso divino Criador e diante do nosso Senhor e clame pela guia divina que deverá conduzi-lo neste plano da vida. Também peça que tenham em você um instrumento obediente aos ditames da Lei e da Vida, que servirá com amor, submissão, resignação, respeito, lealdade e fidelidade.

— Por que ninguém me disse isso antes, minha senhora?

— Eu acabei de dizer-lhe, Aprendiz Sete! Faça-o sem preocupar-se com as consequências, pois se não fizer por temer o que lhe advirá, com certeza lamentará as consequências da sua omissão.

— Farei isso, minha senhora. Mas, antes, quero dizer-lhe que temo o que desconheço, sabe?

— Aprendiz Sete, nunca tema o que provém do nosso divino Criador e de Suas Divindades. E nunca deixe de temer o que lhe passar pela mente a partir de seus sentimentos negativos pois, com certeza, irá concretizar-se, sabe?

— Já senti isso, minha senhora.

— Então o que está esperando para prostrar-se e assumir seu grau e sua condição de Guardião da Lei e da Vida?

— Instrua-me enquanto durar este meu ato, minha senhora.

— Eu o instruirei, Aprendiz Sete.

O fato é que aquela senhora instruiu-me, e quando me levantei, tudo estava consumado, e eu me sentia outro. Além de ter sido coberto com uma veste simbolizadora do meu grau e de minha condição, recebi de mãos divinas uma espada sagrada.

A emoção era muito forte e, num gesto incontido de alegria e gratidão, abracei e apertei contra o meu peito aquela senhora, cada vez mais bela aos meus olhos.

Ela também me abraçou forte e pediu-me:

— Adote-me como sua companheira de jornada e par ideal, meu senhor.

— Eu já a adotei, minha senhora.

— Então o que está esperando para concretizar em nós mesmos e em nossa vida esta nossa união eterna, meu senhor?

— União eterna, é?

— É eterna sim, porque nunca mais deixarei de amá-lo, de honrá-lo e de estar contigo enquanto me desejar como companhia.

Bem, selei nossa união com um longo beijo e outras coisas mais, que só parei de fazê-las quando ela adormeceu profundamente, feliz e com um sorriso nos lábios.

Eu estava começando a conhecer-me e a despir-me das "vestes" ocultadoras do meu mistério. Eu já não sentia vergonha de ser como era, pois, se eu era como era, é porque eu era como era, e não adiantava ocultar-me ou ao meu mistério.

As vestes do medo, da insegurança e do receio eu já havia despido!

A da vergonha de ser como era, logo eu testaria se tinha conseguido despi-la ou se havia restado algum farrapo dela em meu inconsciente.

Contemplei-me e vi que os cortes não só haviam se fechado como não restava cicatriz alguma em todo o meu corpo.

Eu já não pensava, para não ser ouvido por mais ninguém. Agora fazia uso só da visão para não chamar a atenção.

Eu me policiaria e me preservaria de exposições indesejáveis por causa do meu modo humano de pensar e falar o que estava pensando.

Contemplação: eis a chave do comportamento neutro!

Contemplava mãe e filha, ambas dormindo profundamente. Meus olhos me mostravam que, pela primeira vez, eu havia agido com naturalidade, e o resultado era bom porque satisfação era o resultado de tudo o que ali havia acontecido.

Recolhi em meu íntimo a veste simbolizadora do meu grau de guardião e, rodando a espada e o cinturão para trás, ela deixou de ser visível. Mas, ao fazer isso, senti que, já ocultas dessa forma, haviam outras. E ainda que não pudesse vê-las, no entanto, minhas mãos sentiam seus cabos, aos quais apalpei.

Sem nada pensar, e sem vibrar a menor curiosidade ou emotividade, comecei a retirá-las uma a uma e a colocá-las lado a lado para descobrir algo sobre elas.

Quando minhas mãos não sentiram mais nenhuma, eu tinha à minha frente uma porção de espadas, cada uma de um modelo e um símbolo a dizer-me algo sobre qual mistério eu era guardião "adormecido", já que não me lembrava de como havia conquistado aquelas espadas.

Recolhi todas, ocultando-as novamente e só deixando à vista de todos a espada conquistada com a dor advinda de um erro meu.

Sentei-me, coloquei-a à minha frente e comecei a contemplá-la, tentando penetrar em seu mistério.

Eu não pensava. Apenas contemplava fixamente aquela lâmina irídia ou furta-cor e ia penetrando-a, camada após camada. E cheguei a uma, última em seu interior, após a qual eu vi o vazio e nada mais.

Num processo ainda não dominado por mim, coloquei minha mente dentro daquele vazio e comecei a perscrustrá-lo, tentando captar algo ou alguém, já que meu instinto me dizia que ali havia alguma coisa que me surpreenderia.

Aos poucos, sem entrar realmente no interior da lâmina daquela espada, comecei a detectar vibrações sutis, às quais segui lentamente até apurar meu senso de direção e começar a ver o que realmente eu não via, já que só minha mente e consciência é que haviam entrado naquele vazio.

Quando estava seguro da direção a ser seguida, projetei minha mente a uma velocidade controlável, mas crescente. E chegou um momento em que se tornou vertiginosa. Mas logo reassumi o controle do deslocamento mental e diminuí sua velocidade, chegando mesmo a parar em dado instante para "ver" e sentir onde eu estava.

Foi uma visão e uma sensação impressionantes, pois eu me vi pairando no meio de um universo, e para onde olhava via a vastidão infinita à minha volta.

Estava em um outro universo e o Cosmos à minha volta, se era diferente do cosmo no plano material, no entanto, mantinha certa similaridade, pois havia planetas, estrelas, corpos celestes se deslocando em alta velocidade, etc., tal como os que há no nosso cosmo.

Como não sabia para onde me dirigir, recuei até onde captava uma radiação sutil e, agora, senhor do meu movimento e do meu deslocamento mental, deixei minha consciência e mente fluirem na mesma velocidade daquela "energia". E não demorou mais que alguns minutos para eu me ver diante de um gigantesco planeta, mil vezes maior que a nossa Terra.

Ele se parecia com uma rocha e seu giro criava uma profusão de cores, tão belas e desconhecidas que fiquei atordoado.

Havia parado de deslocar-me mentalmente e voltei a fazê-lo bem lentamente, até chegar à "superfície" daquele "mundo" totalmente desconhecido e tão fascinante.

Eu "pousei" minha mente sobre ele e comecei a deslocar-me um pouco acima da sua superfície, contemplando cada detalhe daquela crosta policromática.

Aproximei-me ainda mais e estacionei minha mente e visão mental (percepção) a uma centena de metros acima daquele "solo" e comecei meu deslocamento de reconhecimento.

Minha mente ia se deslocando, minha percepção ia varrendo tudo, tal como um radar poderosíssimo que captava tudo à frente, e meu mental decodificava tudo o que era captado, fazendo eu ver como era aquele "planeta" dentro de um universo ao qual eu chegara a partir de uma espada em um plano da vida contido dentro de uma das muitas dimensões existentes em um minúsculo planeta dentro de outro universo, também infinito em si mesmo.

Desloquei minha mente de um lado para outro e ia vendo muitas coisas, e chegou um momento em que já tinha tantas informações sobre aquela crosta, que comecei a deslocar-me mais rapidamente.

Eu queria dar uma volta ao redor dele e escolhi como ponto de partida uma projeção ou um "agulhão" com centenas de quilômetros de altura, que se elevava do solo para o cosmo.

Até aquele "agulhão" eu examinei e "percebi" que era como uma antena projetando poderosas ondas eletromagnéticas para o cosmo.

Círculos que saíam do solo, compostos por bilhões de finíssimas ondas, subiam por aquele agulhão e, após percorrê-lo todo, projetavam-se para o cosmo, abrindo-se cada vez mais, ao mesmo tempo em que os bilhões de ondas enfeixadas iam se separando e se afastando, chegando a um ponto em que, lado a lado, formavam uma tela de ondas entrelaçadas umas às outras, e sempre crescendo no vasto cosmo onde eu me encontrava mentalmente.

Tendo aquele agulhão como referencial, iniciei minha volta ao redor daquele mundo totalmente novo para mim e não demorei mais que alguns minutos para volteá-lo todo e reencontrar o agulhão.

Depois o volteei no sentido norte-sul com a mesma velocidade.

Dei tantas voltas ao redor daquela rocha gigantesca e sem encontrar sinal de vida que já ia retornar ao meu corpo. Mas uma vibração chamou minha atenção e comecei a decodificá-la. Como fiz isso, não sei!

O que sei é que logo eu estava me comunicando com outra mente e segui suas instruções, subindo até a ponta do agulhão e, vendo algo como uma corrente magnética espiralada, projetei-me nela, entrando no interior dele em círculos cada vez maiores, até que cheguei a um novo solo, já debaixo do que eu havia explorado.

Ali meus olhos se alegraram com o que eu vi: vida, muita vida mesmo!

Eu não estava lá realmente porque minha mente e consciência é quem realmente haviam sido projetadas por mim. Mas vi todo um mundo habitado por seres cujas "peles" pareciam sedosas e com um jogo de cores que brilhavam sobre ela, tornando-os furta-cor.

Desloquei-me de um lado para outro e vi "moradas" que abrigavam milhões de seres. Eram verdadeiras metrópoles!

Mas haviam as menores, incrustadas em montanhas íngremes que mais se pareciam com gigantescas colmeias.

Creio que vaguei por horas sobre aquele mundo, deslocando minha mente de um lado para outro, anotando em minha mente tudo o que via e chamava a minha atenção.

Quando me senti satisfeito com o que já havia visto e pensei em retornar até onde eu realmente estava em espírito, uma força muito poderosa começou a "paralisar-me" e a puxar-me, lentamente em princípio, mas logo senti vertigem, de tão grande que era a velocidade. E só deixei de sentir vertigem quando não opus resistência àquela força atratora poderosíssima.

Pouco depois me senti no vácuo e, para espanto meu, vi-me de frente para o mais inimaginado dos mistérios da criação: um gigantesco portal feminino, uma enorme "fenda" pulsava aceleradamente na minha frente.

Fiquei estático ao contemplar aquele inusitado mistério que, para espanto meu, começou a se comunicar comigo. Como se dava aquela comunicação, não sei ao certo, mas acredito que fosse por meio de vibrações sensoriais. E a primeira coisa que me "disse", foi:

— Por que você demorou tanto para atender meu chamado, Aprendiz Sete?

Como nada respondi, nova comunicação lamurienta chegou até mim:

— Aprendiz Sete, fale comigo, espírito amado e desejado!

— Essa não!!! — exclamei assustado com o que acabara de ouvir — Que mistério espantoso, meu Deus e meu Pai! Onde me meti desta vez?

— Você está em meu domínio fechado, Aprendiz Sete. E só sairá dele quando cumprir seu dever de guardião dos mistérios ocultos.

— Quem é você, mistério que me assusta e me fascina, já que se mostra aos meus sentidos sensoriais como um enorme portal na forma de uma concha?

— Eu sou uma mãe geradora do reino mineral Selenita, Aprendiz Sete! E você tornou-se meu guardião quando subjugou-me à sua vontade. Lembra-se?

— Dominei o poder destrutivo de uma pedra que parecia viva. Foi só isso que eu fiz, mistério inimaginado!

— Você subjugou à sua vontade o mistério do reino mineral Selenita, e agora é meu guardião, Aprendiz Sete. Venha, possua-me, porque, até agora, é o único espírito que resistiu às minhas irradiações.

— Meu sexo, digo, eu resisti?

— Claro que sim. De todos os espíritos que tentei possuir até agora, você foi o único que demonstrou possuir resistência às minhas energias, já que você gera em seu sétimo sentido uma energia muito quente e que me subjugou totalmente e despertou em mim um imenso desejo de senti-lo, abraçá-lo, possuí-lo e amá-lo intensamente.

— Então foi por isso que meu sexo foi a única parte do meu corpo que não foi rasgada pela irradiação daquela pedra?

— Foi sim. Quando sua vibração impressionou aquele portal de acesso ao reino mineral Selenita, não consegui refrear meu instinto e minhas irradiações se projetaram e o envolveram para trazê-lo até mim. Mas você reagiu à sua posse e aconteceu tudo aquilo com seu corpo energético. Mas eu não havia me enganado com seu mistério, sabe?

— Já estou sabendo, mistério inimaginado e muito possessivo! O que você quer de mim? Se é que posso fazer algo por você.

— Você pode fazer por mim tudo o que desejo que faça, Aprendiz Sete. Se não pudesse, não teria sido ungido pelo seu Senhor Ogum como o guardião humano dos meus mistérios minerais.

— Eu fui ungido com este grau?

— Foi sim. Venha cumprir com seu dever.

— Que dever?

— O dever de possuir este seu mistério.

— Eu tenho esse dever?

— Tem sim.

— Isso é impossível, mistério inimaginado. Eu sou só uma mente e uma consciência que se projetou neste universo diferente de tudo o que conhecia.

— Não é não! Quando eu paralisei sua mente também paralisei sua consciência e, com você inconsciente sobre o que acontecia, transportei seu corpo energético para dentro deste meu centro de forças mais interno. Olhe-se, Aprendiz Sete!

Eu olhei-me e vi que aquilo realmente havia acontecido. Presumi que a tontura e confusão que haviam tomado minha mente e consciência se deviam ao transporte do meu corpo energético para dentro daquela dimensão da vida Selenita.

— Foi isso mesmo que aconteceu! — exclamou ela, confirmando minha dedução — Agora você já tem consigo tudo o que precisa para cumprir com seu dever. Cumpra-o!

— Isto é impossível, sabe?

— Não sei não. Esse corpo da sua mente e consciência é energia amoldada à forma como você aprendeu a se ver. Esse seu corpo é um plasma que se transforma ou se amolda segundo sua mente e sua consciência.

— Somos desproporcionais. Você não percebe a desproporção que há entre nós? Você é enorme, mistério impressionante!

— Não somos desproporcionais. Você só está vendo um mistério que se abriu naturalmente onde antes só existia uma pequena fenda, pois este mistério, que sou eu em mim mesma, quando começou a se abrir, não teve um espírito poderoso para amoldá-lo à sua forma. Mas você, que resistiu às energias que gero em meu íntimo e irradio o tempo todo, irá amoldar-me ao seu mistério humano.

— Tudo isso que estou vendo é só a exteriorização do mistério que você é em si mesma?

— É sim.

— Quem é você afinal?

— Eu sou uma mãe geradora da vida mineral Selenita, meu senhor.

— Como você é realmente?

— A matriz do que está vendo está dentro de mim. Vou projetar minha aparência e você verá como sou realmente.

Aquele mistério abriu-se e uma aparência projetou-se do seu âmago e parou na minha frente.

O ser que eu vi, apesar da sua "pele" furta-cor, era uma fêmea extremamente bela e de traços tão perfeitos que me alterei todo só de contemplá-la. Então ela ordenou-me:

— Feche os olhos que eu comando nossa união e consumação da fusão dos nossos mistérios, porque agora somos as duas partes de uma mesma coisa.

— Que coisa é essa, ser que me hipnotizou com sua beleza?

— Somos as partes macho e fêmea de um mistério da vida. Feche os seus olhos que eu comandarei tudo de agora em diante. Não resista, senão o seu sexo se transformará na espada da sua dor.

Ao ouvir aquilo, fechei os olhos e pedi:

— Comande tudo que só os abrirei quando retornar onde eu estava antes de entrar no portal que me transpôs para um meio que não deixa de me assustar.

— Transformarei cada sobressalto em um sussurro de prazer e transformarei cada surpresa em uma satisfação, Aprendiz Sete!

— Isso eu quero ver... digo, sentir!

— Deixe tudo por minha conta, está bem?

— Está sim... minha senhora.

— A sua mente comanda a forma desse seu corpo energético e a dimensão humana dele. Vou imprimir à sua mente a dimensão exata que ele deve ter para você possuir-me externamente. E quando a posse tiver terminado, então você iniciará a posse desta sua nova companheira de jornada e seu novo par ideal, Aprendiz Sete. Relaxe e usufrua todo o prazer que irei proporcionar-lhe!

Eu relaxei e ela enviou à minha mente uma imagem do seu par ideal para realizar aquilo que me parecia impossível. E, com ela comandando tudo, senti tornar-me imenso, pois crescia, crescia e crescia. E chegou a um ponto em que ela falou:

— Eis a sua dimensão exata, Aprendiz Sete! Prepare-se porque o prazer que irá sentir transcenderá sua noção humana dele e o induzirá a um genuíno êxtase do prazer.

— Estou preparado, mistério da vida!

E, nem bem acabara de dizer que estava preparado, meus centros sensoriais começaram a receber os seus pulsares.

Ondas elétricas percorreram-me todo e alcançaram meus centros sensoriais, lançando-me numa sucessão de êxtases, totalmente fora do meu controle.

E quanto mais a posse total se aproximava, mais intensos eram os êxtases, até que chegou um momento em que fui totalmente envolvido e me senti dentro daquela concha enorme, que se fechou por sobre minhas costas, retendo-me firmemente enquanto seu âmago movimentava-se hora acelerada e hora lentamente, até iniciar descargas elétricas tão poderosas que eu me sentia prestes a explodir. Era aquela fêmea em seus êxtases extasiantes e extasiadores.

Eu perdi a noção de tempo e de tudo o mais mergulhando em um êxtase interminável. E chegou um momento em que senti mãos delicadas acariciarem meu rosto e lábios muito quentes beijarem meus lábios suavemente.

E quando os beijos cessaram, uma voz doce, inebriante mesmo, sussurrou em meu ouvido:

— Amado senhor do meu mistério, agora já pode abrir seus olhos e contemplar-me como sou realmente!

Abri meus olhos e contemplei-a demoradamente, certificando-me de que não havia delirado e também de que tudo não era um sonho. Então fiz com que sua silhueta perfeita e sua beleza encantadora ficassem registradas para sempre em minha mente e minha visão humana das coisas indescritíveis.

Eu estava embevecido com o que via, pois ela era amor puro e puro amor a se irradiar para mim, um simples e deficiente espírito humano.

Quanto mais eu a contemplava, mais ia me emocionando, até que cheguei a um ponto em que não me contive e comecei a chorar.

Ela me abraçou e me aconchegou junto de seu corpo macio, sedoso e levemente rosado. Após aconchegar-me bem, perguntou-me:

— Por que você chora?

— Eu... sinto que... profanei não só a um mistério, mas também a uma divindade do meu Criador. Penetrei no inimaginado e sinto que fiz algo que não devia.

— É sua consciência humana, acostumada a separar a criação em partes estanques que o induzem a crer que profanou algo, quando o correto é você crer que acabou de possuir um dos muitos mistérios da vida e, finalmente, portou-se de acordo e em sintonia externa com a divindade do Pai que vibra em seu íntimo e se exterioriza de forma humana através dos seus sentidos naturais.

— Por que eu a vejo como uma divindade?

— Você me vê como sou. E sou uma divindade mantenedora e multiplicadora da vida através do sentido e dos sentimentos do amor.

— É isso que vi em você e isso me incomoda.

— Eu também vejo isso em você, ainda que não se sinta uma divindade humana do Pai Ordenador da Vida nos seus sete sentidos.

— Eu...

— Deixe de se ver e de se sentir como um limitado espírito humano e comece a se ver e a se sentir como um mistério ilimitado em si mesmo e capaz de irradiar por, e para, toda a criação o seu humanismo, Aprendiz Sete!

— Preciso refletir sobre isso, minha senhora.

— Reflita enquanto conclui o que comigo você iniciou, meu senhor. Todo o meu ser vibra o desejo de senti-lo como você realmente é. E isso só é possível se você assumir o comando de nossa união, eterna e indissolúvel porque nossos mistérios já se enraizaram um no outro.

— Eu temo profaná-la ainda mais, mesmo que em meu íntimo anseie por essa profanação inusitada.

— Deixe esse seu desejo aflorar e realize-o agora comigo porque já não há retorno à sua consciência anterior sobre os mistérios do nosso Criador. Você já é em si mesmo mais um que se conscientizou de que as formas e suas aparências nada mais são que recursos transitórios para que, como você mesmo diz, o inimaginado se torne uma realidade palpável sensível.

— Se eu deixar este meu desejo aflorar, talvez não consiga anulá-lo mais porque ele se tornará superior à minha capacidade de lidar com ele.

— Os mistérios são assim, meu amado senhor! Quando eles afloram, nós devemos deixá-los fluírem naturalmente, senão eles se transformarão em verdadeiros tormentos em nosso íntimo. Mas, se você deixá-los fluir naturalmente e seguir seu curso natural, descobrirá que tudo o que agora anseia realizar é só o início de uma realização permanente e eterna.

— É isso que me incomoda, minha senhora. Eu venho observando o fluir deste meu mistério e temo pelo que me aguarda.

— O que aconteceu quando você deixou de reprimir em seu íntimo esse seu desejo natural de ter em seus braços as duas fêmeas que o aguardavam quando estava sendo cuidado e amado a distância por elas?

— Eu colhi amor, muito amor, e vivenciei momentos indescritíveis. E temo isso, sabe?

— Não tema. Vivencie e deixe vivenciarmos estes instantes contigo, mistério antes inimaginado por nós, mas que agora é tão real em nossa vida que não viveremos sem tê-lo só para nós, ainda que seja só por um instante apenas, pois é neste instante que nossos desejos se manifestam e nossa natureza feminina se une à sua natureza masculina e nos conduz ao êxtase do amor!

— Eu temo sim, minha senhora. Se minha consciência registrar que profanei um ser divino, irei me lançar no tormento da culpa para todo o sempre.

— Não dê força a um sentimento falso, meu senhor. Olhe à nossa volta e veja com seus próprios olhos humanos o poder real do seu mistério divino.

Eu não devia ter olhado. Mas olhei... e no instante seguinte exclamei:

— Meu Criador e meu pai, o que é isto, meu Senhor!

Eu via milhares e milhares de conchas à nossa volta. Muitas eram do tamanho da que eu vira e que havia me possuído. Muitas eram menores e muitas eram ainda maiores.

Não saberia dizer quantas eram porque eram tantas, lado a lado, que formavam um plano dentro do plano que eu estava.

— Como isso é possível?! — exclamei admirado e assustado.

— Elas são minhas irmãs de mistério, Aprendiz Sete?

— São, é?

— São sim.

— Por que todas estão assim, com seus mistérios abertos e a pulsar intensamente?

— Elas estão à espera de que você conclua o que comigo já iniciou para, então, começar a possuí-las também, sabe.

— Não sei não, minha senhora. Nem em um milhão de anos eu possuiria tantos mistérios!

— Você se esqueceu de que está dentro do meu domínio mais oculto?

— O que tem isso a ver com a quantidade delas?

— Aqui o tempo não passa, sabe?

— Não sei não. Explique-me isso, por favor!

— Aprendiz Sete, um domínio mais oculto é um plano atemporal e nele o mistério do tempo inexiste. Logo, mesmo que dure um milhão de anos para você realizar a posse individual de todas elas, quando você voltar ao local onde deixou sua veste e sua espada, não terá se passado um segundo sequer.

— Isso é possível?

— É sim, amado. Agora venha para os meus braços e ama-me com todo o poder do seu mistério, meu senhor e mistério da minha vida.

— Elas vão ficar aí, observando-nos?

— Elas já estavam aí desde que você veio ao encontro da parte feminina do seu mistério. E elas não estão nos observando, mas sim à sua espera, para que você ligue-as conscientemente ao seu mistério, no qual já estão enraizadas e à espera de assentarem-se nele para que, finalmente assentadas por um real senhor de mistérios, possam dar início à multiplicação e exteriorização do mistério que elas são em si, sabe.

— Agora sei.

— Então é isso, meu senhor. Venha!

— Antes, explique-me como é possível tantas "conchas irmãs" num mesmo local, por favor!

— Todas nós fazemos parte de uma onda viva. Todas nós fomos geradas em um único ato de amor da Vida, meu senhor. Conclua a minha posse que saberá como é isto, está bem?

— É... está bem, sim.

Eu deixei de preocupar-me com tudo à minha volta e com o fato de que ia profanar um ser que era divino, segundo meu entendimento das coisas. Afinal, se não havia como retroceder, o jeito era avançar e descobrir onde tudo aquilo me levaria.

Quando a abracei e nos unimos, ela estremeceu toda e emitiu um gemido de prazer, longo e rouco, para a seguir dizer-me:

— Como ansiei por este momento, meu senhor! Como sofri com a demora de sua vinda à minha vida, meu amor e meu mistério! Você não imagina como ansiava por este momento e pela minha primeira multiplicação. Vou dar-lhe uma onda viva tão grande ou até maior que aquela na qual minha mãe divina exteriorizou-me, meu amado senhor e meu poderoso guardião do meu mistério gerador da vida!

Eu não entendi o que ela quis dizer com sua "primeira multiplicação", mas também não estava preocupado com nada mais além do que estava fazendo: unindo-me a um ser muito especial e muito agradável de sentir. E mais: ela não falou porque a beijei intensamente e a apertei fortemente em meus braços provocando nela uma reação em cadeia de explosões de puro prazer.

Houve momentos indescritíveis e tão nossos, que os guardo só para mim e os repito sempre que sou solicitado por ela a ir até seu domínio mais oculto e realizar nele os meus deveres de guardião do seu mistério gerador da vida. Dever este que cumpro com amor, respeito, dedicação e satisfação já que, aos meus olhos humanos, é um mistério da vida.

O fato é que, muito tempo depois, ela deixou de reagir e manifestou o desejo de adormecer. Mas não permitiu que eu a soltasse dos braços ou desligasse nossos mistérios.

— Por que não, se você ficará mais confortável, amada? — perguntei curioso.

— Neste momento, as duas partes de um mesmo mistério estão unidas, meu senhor. Então, se permanecermos unidos, eu poderei adormecer, pois meus domínios continuarão com seu magnetismo inalterado, porque você dará sustentação a eles enquanto repouso. E toda uma onda viva se ligará a você e se enraizará em seu mistério gerador da vida, passando a sustentar todas as vidas que exteriorizarei em breve.

— Como é isso, amada?

— Logo você saberá, meu senhor. E então conhecerá um pouco de si mesmo e saberá como seu mistério é poderoso e especial, muito especial mesmo, sabe?

— Não sei não.

— Aguarde que, em breve, saberá, meu senhor.

Ela fechou os olhos e adormeceu profundamente em meus braços, e quando fiz menção de acomodá-la melhor, mesmo adormecida ela reagiu com desconforto e só se aquietou quando voltei a apertá-la contra meu corpo. E dali em diante não a movi mais até que despertou.

Meio sonolenta e relaxada, aninhou-se bem junto a mim e sussurrou em meu ouvido:

— Finalmente tudo se concluiu, meu senhor. Agora sou uma real mãe da vida e senhora do meu mistério. Eu já sou mãe, meu amado senhor.

— Como isso aconteceu?

Ela explicou-me como tudo se realizou e conheci o mistério de uma onda viva, toda ligada ao meu mistério da vida, e ao dela também.

Eu, já sem temer profanar seres especiais, como eram aquelas senhoras de mistérios da vida, dei início aos meus deveres de guardião daquelas irmãs amadas. E descobri que, as que eram maiores, na verdade só eram mais maduras e desenvolvidas e as menores eram mais novas e menos desenvolvidas.

E se as mais maduras me diziam que eu as havia renovado, as mais jovens solicitavam minha atenção, pois comigo logo amadureceriam e poderiam se tornar reais mães da vida.

Não sei ao certo quanto tempo permaneci naquele reino Selenita e nos muitos outros em que fui solicitado como guardião deles.

Aprendi ali tudo o que um bom guardião deve saber para realizar com conhecimento de causa seus deveres externos e internos, abertos e fechados.

Tanto aprendi que, hoje, posso identificar, só com minha percepção, se uma irmã espiritualizada já viveu ou foi exteriorizada em uma onda viva naqueles domínios da vida... porque trazem em seus corpos uma camada macia e sedosa que só lá é possível desenvolvê-la e incorporá-la ao sétimo sentido da vida, como uma camada viva geradora de energias ligadas à concepção da vida.

Também aprendi a deslocar-me por portais naturais que nos levam do lado temporal para o atemporal e, com isso, realizar deveres que demandam muito tempo e que, sem este recurso, tería de ausentar e deixar de cumprir com outros deveres ou funções pertencentes ao meu mistério.

Descobri que aquele planeta selenítico pertence a um universo cujo acesso só é possível a partir da contraparte do mineral Selênio, existente no plano material.

É um mundo dentro de outro ou que é alcançado a partir de pontos específicos neles existentes.

O meu entendimento das coisas à minha volta expandiu-se tanto que mudei totalmente meus conceitos sobre a criação divina e a obra do Divino Criador.

A obra divina é infinita em si mesma e é tão complexa que, se o nosso plano material é um mistério e é infinito em si mesmo, ainda é o portal natural para tantos outros universos, também infinitos em si mesmos, que jamais chegarei a conhecer todas as realidades, fechadas aos olhos humanos espirituais.

Só com a visão natural da criação podemos conhecer outras realidades de Deus, o nosso divino Criador.

Hoje, esclarecido e conscientizado sobre a real grandeza da criação divina, meu respeito e meu amor a Deus são muito maiores e depurados das muitas infantilidades que permeiam as muitas doutrinas terrenas.

Eu aprendi que aquele planeta Selenita, muitas vezes maior que o nosso planeta Terra, é formado por setecentas e setenta e sete camadas ou esferas sobrepostas concentricamente, e todas são muito mais populosas que as dimensões existentes em nosso amado planeta Terra.

Já alcancei trinta e três daquelas camadas. E tenho toda a eternidade para alcançar seu centro real, onde, com certeza, alguém aguarda minha chegada.

E este alguém é muito especial, pois cada uma daquelas camadas foi gerada após esta mãe da vida Selenita ter gerado uma onda viva em seu íntimo e tê-la exteriorizado, dando origem ao meio e ocupando-o com os seres que a ela foram confiados pelo nosso divino Criador, pois ela é uma mãe planetária da vida.

Um dia alcançarei o real centro neutro daquele planeta existente em outro Universo e, com certeza, já maduro e muito mais esclarecido e conscientizado, mais evoluído e mais humanizado, irei renovar aquele ser em todos os sentidos e, finalmente, ele repousará em meus braços e dormirá o seu merecido sono nos braços do seu amor e mistério humano, que sou eu, o Aprendiz Sete!

Como sei de tudo isso?

Bom, eu já assisti a tantas exteriorizações de ondas vivas por suas filhas amadas, que conheço este mistério a partir da minha participação ativa e efetiva nele, sabem?

Cada vez que uma onda é exteriorizada, no princípio ela se espalha formando uma esfera gasosa ao redor da sua mãe geradora. Depois, lentamente, ela vai se condensando até se tornar em si mesma uma camada ou um meio pleno de recursos à vida dos seres, ainda inconscientes, que são exteriorizados no meio da névoa primordial desencadeadora de tudo, porque é um fluxo de energia fatoral que traz em si códigos e mais códigos genéticos divinos, cada um responsável pela formação de algo no novo meio da vida.

Quem rege estas novas camadas já abertas em uns graus magnéticos e vibratórios análogos aos das suas geradoras são elas, as minhas amadas senhoras e senhoras mães da vida.

Elas estão assentadas no meio gerado por aquela mãe planetária. Mas as suas ondas, estas são irradiadas em um novo nível da criação que está se abrindo para elas e para os seus mistérios geradores de vidas e da vida.

Eu não tenho pressa em chegar ao âmago daquele planeta. Mas sinto uma curiosidade de saber o que há antes dele, porque imagino que algo mil vezes maior se mostrará aos meus olhos.

Sim, imagino que aquela mãe planetária da vida Selenita também seja só uma das muitas mães planetárias exteriorizadas numa onda viva, e ela, de exteriorização em exteriorização, formou aquele planeta gigantesco.

E se meus cálculos e minha hipótese estiverem certos, um universo todo selenítico se mostrará aos meus olhos humanos.

Sim, isso espero conhecer um dia, pois estou vendo mundos surgirem, uns ao lado dos outros em cada uma das trinta e três dimensões que já alcancei e nas quais enraizei o meu tão aguardado e ansiado mistério humano.

Quando estou junto de cada uma daquelas minhas amadas senhoras mães da vida, eu não me canso de contemplar as várias camadas já formadas à volta delas. E todas são plenas e hiper-habitadas, pois aquelas mães da vida são muito férteis, e basta-me chegar aos seus centros neutros ou domínios ocultos para elas, todas amor e desejo, carícias e ternura, dizerem-me ao pé do ouvido:

— Amado senhor do meu mistério, estou pronta para unir-me a você e, juntos, exteriorizarmos mais uma onda viva da vida.

Eu, não só não resisto aos seus pedidos, como me altero dos pés à cabeça e, no instante seguinte, já mergulho de cabeça em seus mistérios e só saio deles quando elas despertam de seus merecidos sonos e, com toda meiguice e carinho, ternura e amor, pedem que eu as assista até que tenham exteriorizado mais uma onda viva da vida.

O fato é que ali, naquele mundo Selenita, eu aprendi muito, mas muito mesmo, sabem?

Retornei ao quarto de um hospital de uma dimensão mineral após ter ocupado meu grau de guardião de um plano da vida Selenita, e já retornei a ele muitas vezes, sempre usando da passagem atemporal que permite que eu me desloque de uma realidade para outra, permaneça nela enquanto for necessário e retorne à realidade anterior sem que ninguém à minha volta note que eu havia feito tal coisa, porque saio e retorno no mesmo instante.

Com esse recurso dou conta de todos os meus deveres de guardião da vida Selenita e de mais algumas que estou guardando.

Mas, retomando este meu relato, o fato é que, após eu ter cumprido com meus deveres na primeira camada viva daquele mundo Selenita, retornei pelo portal atemporal. E, como o tempo não havia passado, minhas amadas ainda dormiam profundamente como eu as havia deixado antes de aventurar-me e seguir um chamamento silencioso.

Recolhi todas as minhas espadas, inclusive a de Selênio, que havia me aberto um novo campo de atuação como guardião do seu mistério.

Plasmei novamente minhas vestes humanas e aguardei que elas despertassem daquele sono profundo.

E quem acordou primeiro foi a mãe, que me vibrou tanto amor e gratidão, que não vi outro jeito de retribuir senão com outra vibração de amor e gratidão.

— Minha senhora, muito obrigado por tudo o que fizeram por mim. Creio que aqui fui curado de uma das minhas chagas emocionais mais marcantes e profundas.

— Minha alegria aumenta ouvindo-o dizer isto, Aprendiz Sete. Dê-me um abraço bem forte, meu amor.

— Continuo sendo seu amor, minha senhora?

— Se antes de conhecê-lo eu já o amava, agora sinto que não vivo sem você, meu senhor e senhor do meu amor.

— Minha senhora, conceda-me a honra de assumi-la como par ideal de minha vida e de tê-la como minha companheira de jornada eterna?

— Meu senhor, eu aceito... se todas as minhas filhas ainda sozinhas forem assumidas também.

— Eu já as assumi.

— Elas são muitas e, talvez, deva conhecê-las antes.

— Para assumir uma mãe eu sempre terei de assumir todas as suas filhas?

— Esta é a regra dos mistérios e das mães da vida, Aprendiz Sete.

— Qual é a exceção a essa regra, minha senhora?

— Você pode assumir uma ou várias filhas e não assumir a mãe delas.

— Há mais alguma exceção?

— Você pode assumir uma mãe só como beneficiária dos seus mistérios sem assumi-la como seu par ideal, e o mesmo pode fazer com todas as filhas dela.

— Por que você me coloca essas alternativas, minha senhora?

— Você é um ser maravilhoso, Aprendiz Sete. Mas ainda desconhece quase tudo sobre os domínios das senhoras mães da vida.

— O que eu não conheço sobre esse seu domínio, minha senhora?

— Quase tudo. E não quero onerar seu mistério e sua vida com a posse de algo que irá requerer muito de você, sabe?

— Não sei não, minha senhora. Esclareça-me, por favor!

— Recolha em seu íntimo essa sua veste humana e me siga até o meio fechado dos meus domínios, que tudo saberá! — pediu aquela encantadora mãe da vida. A sua voz estava triste quando pediu para eu segui-la.

No instante seguinte me vi no centro mais oculto dos seus domínios, o único local do qual teria uma visão total de quantos ela possuísse. Então pedi:

— Mostre o que desconheço, minha senhora.

— Eu lhe mostro, Aprendiz Sete. Mas temo pela sua reação ao ver o inimaginado por um espírito humano ainda no início do seu aprendizado sobre os mistérios naturais da criação divina.

— Só a senhora abrindo-me seus domínios para saber como reagirei.

— O que você vê à nossa volta, Aprendiz Sete?

— Tudo está muito escuro além do seu centro neutro pessoal.

— É isto, meu senhor! Todas as ondas vivas que recebi acabaram na escuridão quando o ser maravilhoso que me iniciou como mãe da vida esgotou sua capacidade de gerar em seu mistério os fatores que alimentavam o meu e começou a ser esgotado lentamente, até que começou a cair vibratoriamente e a degenerar-se, assim como ao seu mistério.

— O que aconteceu então, minha senhora?

— Todas as faixas onde estavam alojadas as minhas ondas vivas começaram a escurecer e a degenerarem-se. Agora só vejo escuridão à minha volta e sinto uma tristeza imensa pelas vidas lançadas nas trevas da morte por causa da incapacidade do meu antigo par ideal em sustentar todas as ondas vivas geradas por mim num período em que fui muito fértil.

— Compreendo. O sétimo sentido dele não acompanhou o seu em sua expansão geradora e exteriorizadora da vida, e agora a senhora se ressente da ausência das energias da parte masculina do seu mistério natural. É isso, não?

— Isso é só parte das minhas dificuldades e tristeza íntima, Aprendiz Sete. Meu deslocamento temporário para a dimensão humana da vida, onde estagiei por muitos anos, teve vários objetivos.

— Posso saber quais foram, minha senhora?

— Um deles foi o de esterilizar-me, senão eu esgotaria totalmente meu companheiro e meu par ideal.

— Como se deu essa sua esterilização?

— Na dimensão humana, eu fui amparada por um Senhor de Mistério que gera um fator paralisador da fertilidade, tive a minha paralisada e deixei de receber as ondas vivas que, mal eu acabava de exteriorizar, outra já começava a fluir em minha direção.

— O que mais objetivou seu estágio na dimensão humana?

— Assumir o controle mental sobre minha sexualidade e sobre o desejo, que me atormentava continuamente porque meu companheiro de jornada não reagia aos meus chamados, deixando-me energeticamente deficiente e sexualmente insatisfeita.

— A senhora conseguiu alcançar esses objetivos?

— Só em parte. Você viu como reagi ao seu mistério, não?

— Só vi uma fêmea maravilhosa e um tanto carente de sexo, de amor e carinho.

— Aprendiz Sete, uma mãe da vida, se é plenamente amparada e sustentada pelo seu par ideal e seu companheiro de jornada, não sai do seu centro neutro porque, tudo o que precisa, ele lhe fornece naturalmente. Saiba que muitas sucumbem junto com seus domínios porque se recusam a obter uma sustentação desvirtuada do seu mistério.

— Como entender esse comportamento delas, minha senhora?

— Compare o comportamento delas como as humanas encarnadas que, ficando viúvas ou vendo seus maridos ficarem impotentes com elas ainda jovens e em pleno ciclo fértil, fecham-se às coisas do sexo e, mesmo amarguradas e vendo tudo se escurecer à volta delas, mantêm-se dentro de suas casas porque não têm coragem de ligar-se a outro homem após ficarem viúvas, ou têm vergonha de arranjar um amante no caso de seus companheiros se tornarem impotentes.

— Eu sei um pouco sobre isso, minha senhora. Se procuram um amante são chamadas de levianas e se se separam de seus maridos, tidos como perfeitos, são criticadas como insensíveis ou doidas.

— Sei que você sabe muito sobre isso, Aprendiz Sete.

— Sei sim. Afinal, eu sou um humano, não é mesmo?

— Você é muito humano mesmo, Aprendiz Sete. Talvez seja o mais humano dos espíritos que já conheci em toda a minha existência. Como você vê as mães da vida que procedem como eu e saem à procura de alguém que as conforte na tristeza e lhes dê um pouco de prazer?

— Acho um procedimento natural e por uma causa justa, que é a da preservação do seu equilíbrio emocional. Com isso, mantêm-se até que a Providência Divina lhes envie os recursos de que precisam para retornarem aos seus deveres de guardiãs dos mistérios da vida.

Ela olhava nos meus olhos e dos seus correram tantas lágrimas de tristeza que não resisti e abracei-a com força e também derramei muitas lágrimas. Entendia seu drama e sua tristeza. Após muito tempo derramando lágrimas doloridas, ela perguntou-me:

— Meu senhor, você acha que sou uma mãe da vida fraca de princípios por eu ter procurado auxílio com outros companheiros de jornada?

— Não tenho o hábito de emitir juízos, minha senhora. Ainda mais sobre alguém que vive um drama de magnitude desconhecida por mim.

— Eu preciso que me diga se me vê como uma mãe da vida leviana por eu ter tentado encontrar alguém que me ajudasse a manter-me enquanto a Providência Divina não me socorre.

— Só a vejo como um ser maravilhoso que tem lutado para não se encobrir com as sombras que envolveram seus domínios e todos os seres que vivem neles porque foram confiados à senhora pelo Senhor da Vida.

— Obrigado por entender-me e aceitar como correto o meu procedimento.

Eu, com ela colada em meu corpo, sentia-me alterado, prestes a fugir ao meu rigoroso poder mental. Também a sentia vibrar, latejar com muita intensidade.

Eu nada pensava ou dizia, mas minha mente trabalhava intensamente em busca de uma solução que viesse ao encontro das necessidades dela e do seu mistério.

Como proceder num caso como aquele, e com ela já tendo sucessivos tremores só com o contato entre nossos corpos? Achei melhor confiar na Providência Divina e pedi-lhe:

— Minha senhora, aceite-me como seu par temporário até que algo mais indique como procedermos, está bem?

— Está sim, meu senhor. Fora do meu domínio mais oculto ainda consigo controlar meu mistério gerador e meu desejo. Mas aqui, e sentindo em você tudo o que preciso, não só não tenho domínio sobre meu mistério como não tenho forças contra este desejo que me avassala toda ao seu mistério. Possua-me com todo o seu poder e força, senhor dos meus desejos e de minhas angústias! Realiza meus desejos e dilua minhas angústias, por favor!

Mais nada ela disse, porque eu selei sua voz com um beijo avassalador e, ao sentir que seu mistério da vida escapara de seu controle mental e começava a abrir-se todo, iniciei a posse dela com toda a potência e todo o vigor do meu mistério guardião da vida.

Quanto tempo ficamos unidos e nos amando, não sei. Mas chegou um momento em que ela finalmente adormeceu unida a mim e bem abraçada. E, mesmo com ela adormecida profundamente, de tempo em tempo começava a vibrar intensamente e só se acalmava quando era suprida em suas necessidades energéticas mais íntimas e mais profundas.

Eu não sei dizer quanto tempo ela ficou adormecida e nem quantas vezes tive de acalmar aquele seu furor vibracional com poderosas descargas energéticas. Mas que tudo aquilo durou vários dias antes de ela despertar, isso sei que durou.

Além do mais, eu me mantinha muito alterado com a visão de uma concha muito maior que as maiores que havia visto no mundo Selenita. E toda vez que em meus braços ela começava a vibrar intensamente, solicitando-me uma descarga energética poderosa, via aquela concha gigantesca pulsar e ficar tão rubra que seu calor me alcançava e me envolvia todo, só diminuindo quando alcançava uma alteração muito forte e enviava tantas energias para dentro daquela concha que ela transbordava toda.

Aquilo parecia não ter mais fim, mas não me preocupava nem um pouco porque percebi que, ainda que não soubesse como, de alguma forma era ela que estava enviando à minha amada aqueles pulsares vibratórios que me alteravam muito e só cessavam quando eu respondia-lhe com poderosas descargas energéticas.

Então atinei com o desejo das minhas senhoras Selenitas, que exigiam que eu permanecesse unido a elas e sem movê-las ou me mover até que despertassem. Lá, também estava fazendo o mesmo, só que de modo diferente porque tudo se processava de maneira passiva.

Mas, neste outro plano da vida, nós éramos solicitados a ser ativos, já que um furor vibratório se apossava da minha amada que me obrigava a reagir aos seus pulsares que a arremetiam ao meu encontro.

Ela só despertou quando vi aquela concha gigantesca parar de pulsar e começar a derramar pelas bordas um líquido denso e da cor de sangue.

E não deixei de vê-la mais dali em diante, e sempre me uno àquela minha amada senhora da vida ou às suas muitas filhas, que se tornaram, elas também, beneficiárias do meu mistério e iniciaram o amadurecimento dos seus comigo. Até hoje, quando me uno a alguma delas, vejo ao longe aquela poderosa concha geradora sustentadora da vida daquele imenso plano mineral da vida. E até me comunico com ela de vez em quando só para ouvir sua voz rouca e extasiada chamar-me de seu poderoso senhor humano. Mas isso é outra história e um mistério muito grande, ao qual um dia ainda possuirei em toda a sua magnitude e esplendor. Afinal, ainda sou só o Aprendiz Sete, um jovem guardião dos mistérios da vida!

O fato é que aquela minha senhora da vida despertou e, assim que reassumiu seus sentidos, cobriu-me de beijos de amor e gratidão, levando-me a um estado de excitação que fugiu totalmente ao meu controle e só cessou quando eu, satisfeito, adormeci ao seu lado e aninhado em seus braços.

Quando despertei, não vi a senhora de antes, mas sim uma senhora mãe da vida em todo o seu esplendor divino.

Seu Trono energético é de uma beleza e majestosidade magníficas. E ela, toda coberta com suas vestes sagradas, simbolizadoras do seu grau hierárquico, impressionaram meus olhos de tal maneira, que me curvei reverente e a saudei com respeito, permanecendo assim até que ela ordenou-me:

— Levante-se, Aprendiz Sete. Você, aos meus olhos e entendimento, é pra mim mil vezes superior, e seu mistério não é um mistério natural mas, sim, divino e você é o enviado do Pai Gerador da Vida para acolher em seus braços fortes e em seu mistério poderoso e inesgotável as filhas da Mãe Geradora da Vida que, por razões, as mais diversas, tiveram de ser paralisadas ou se degeneraram tão rapidamente que nem paralisadas puderam ser.

— Minha senhora, eu estou surpreso.

— Eu sei, meu amado Aprendiz Sete. Mas não se surpreenda comigo, não, porque você logo se acostumará a ver-me como sua amada senhora e beneficiária direta do seu poderoso mistério gerador de energias vivas da vida. Olhe à nossa volta, meu senhor!

Eu olhei e vi que toda a escuridão havia sido dissipada e um número incontável de camadas da vida, hiper-habitadas só por espíritos femininos se mostraram aos meus olhos admirados.

Não entendi o que havia acontecido. E quando ela revelou-me o que eu havia feito ali, fiquei preocupado:

— Amado, você assumiu todas as minhas filhas que estavam sem um guardião para formar par com elas, sabe?

— Como é que isso aconteceu?!

— Bom, você tem um mistério muito poderoso e ele foi ligando-se a todas que não tinham com quem formar um par ideal, sabe?

— Já estou sabendo, minha senhora!

— Elas, que viviam solitárias e amarguradas, agora estão felizes e satisfeitas porque o terão como par ideal e companheiro de jornada. Mas não é só isso, meu senhor.

— O que mais eu possuí enquanto você dormia profundamente?

— Você possuiu o mistério gerador delas e proporcionou-lhes o meio de que precisavam para tornarem-se mães da vida.

— Agora entendi a visão que tive enquanto você dormia e o que pensei ter ouvido de uma gigantesca concha-mãe!

— O que você ouviu dela?

— Interpretei vibrações e elas diziam mais ou menos isto: "Você é uma exteriorização do Pai Gerador e está possuindo o meu mistério gerador, meu senhor".

— Só isso você captou dessa mãe geradora dimensional?

— Não. Também ouvi isto: "Você está renovando-me e dando-me o meio ideal para que eu retome minha multiplicação nas exteriorizações que me individualizarão. O seu mistério enraizou-se em mim e enraizei-me no seu mistério, meu amado renovador e multiplicador".

— Que bom! Você foi adotado como renovador de minha mãe da vida ancestral e dimensional, meu senhor!

— É, acho que fui sim. E, olhando bem para você e suas filhas, acho que todas têm algo em comum com o que vi, sabe.

— Sim. Ela é a mãe ancestral que exteriorizou todas as "mães da vida" nesta dimensão mineral "calcária".

— Agora já sei... e estou preocupado.

— Por quê?

— Você não sabe por que estou preocupado?

— Não vejo razão para preocupar-se.

— Mas eu vejo. Basta fixar os meus olhos em qualquer uma destas suas filhas que vejo nelas e nos olhos delas o desejo de exteriorizarem suas ondas vivas através deste meu mistério.

— Isso é bom e é um desejo correto, já que você tornou-se o par ideal delas, meu senhor. De agora em diante, elas se espelharão em mim e amadurecerão contigo, sabe?

— Este "amadurecerão com você" significa o que imagino que seja?

— Significa sim. Só quando elas tiverem amadurecido totalmente é que conseguirão exteriorizar suas ondas vivas da vida e iniciar a formação dos seus próprios domínios.

— Até lá, como será?

— Como tem de ser com uma senhora que encontra seu par ideal e une-se a ele: unindo-se periodicamente a você, amadurecem seu mistério gerador!

— "Unindo-se a você" significa que eu terei de me unir a elas periodicamente?

— Isso mesmo, senhor do mistério de minhas filhas.

— Isso demandará uma eternidade!

— Pelo contrário, sabe?

— Não sei, não. Como isso é possível?

— Você, ao unir seu mistério ao meu, proporcionou a todas elas uma união coletiva, já que todas estão unidas a mim através das ondas vivas pelas quais foram exteriorizadas. Logo, basta você unir seu mistério ao meu periodicamente que todas se unirão a você de uma só vez e amadurecerão por igual.

— Isso facilita as coisas, não?

— Facilita sim. Mas quando estiverem maduras, então bastará você adentrar nestes meus domínios pelos portais atemporais que conduzem a elas e irá proporcionar-lhes, já individualmente, suas exteriorizações. E quando terminar, bastará retornar pelas passagens atemporais que voltará no mesmo instante que tiver partido.

— Isso aprendi a pouco em uma outra dimensão, onde só cumpriria com meus deveres e obrigações se recorresse ao mistério dos portais atemporais.

— Então não tem com que se preocupar, amado senhor!

— Com tantas exteriorizações, acho que entendo porque seu par ideal e guardião do seu mistério gerador se exauriu. Quantas ondas vivas você já exteriorizou?

— Eu nunca contei. Mas creio que são só umas setecentas ondas vivas.

— Só? A senhora disse só?!

— Acho pouco, pois tenho condições de exteriorizar mais onze vezes essa quantidade e...

— E... o quê?

— Quem sabe eu venha a concluir este meu primeiro ciclo gerador contigo, meu senhor?

— Quem sabe, minha "desejosa" senhora?

— Minha mãe ancestral viu em você uma capacidade excepcional neste sentido. Logo, ela sabe, meu senhor e meu multiplicador divino. Ela sabe!

— Só de ver esse brilho nos teus olhos já vislumbro o pulsar poderoso dessa sua mãe ancestral.

— Tenho certeza de que vislumbra, meu senhor. Por que não vai visitar seus novos domínios para conhecê-los por dentro e também para proporcionar às minhas filhas o prazer da sua presença?

— Devo fazer isso?

— É o correto, sabe?

— Eu tenho de me apresentar à escola de guardiões à qual liguei-me, minha senhora.

— Entre pelos portais atemporais que não gastará mais tempo de que precisa para deslocar-se de um lugar para outro à velocidade do seu pensamento. Faça isso por elas, meu senhor!

— Tudo bem. Mas acho que... bom, deixa pra lá as minhas preocupações!

— É assim que fala e procede um verdadeiro guardião e real senhor de um mistério da vida, sabe?

— Não sei não. Sou só um aprendiz.

— Mas é um Aprendiz Sete. E, para mim, é um guardião iniciado em sua origem, que é divina, meu senhor.

— Nem sei o que isso significa, minha senhora.

— Mas eu sei... e minha mãe ancestral também sabe.

— A senhora pode explicar-me o que isso significa?

— Prefiro que minha mãe ancestral lhe explique isso, meu senhor.

— Como faço para comunicar-me com ela?

— Ela se comunicará com você, meu senhor.

— Quando?

— Visite todos os novos domínios colocados sob sua guarda e sob a proteção do seu mistério gerador que, com certeza, acabará acontecendo nova ou novas comunicações.

— Como poderão acontecer essas comunicações, minha senhora?

— Toda vez que você estiver amadurecendo uma filha da nossa mãe geradora, iniciada na origem, com certeza, uma comunicação acontecerá.

— A senhora é uma dessas "filhas da mãe geradora, iniciadas na origem"?

— Sou sim.

— Entendo. E elas, tal como a senhora, têm essa capacidade imensa de exteriorizarem ondas vivas da vida?

— Têm sim.

— Quantas dessas "iniciadas na origem" deve haver nessas cerca de setecentas exteriorizações já realizadas pela senhora?

— Existe uma para cada onda viva, meu senhor.

— Essa não!!!

— Por que você se espantou? Elas são as conchas-mestras dessas ondas vivas. E se você for direto a elas, bastará unir-se a elas e possuir seus mistérios geradores, que toda a onda será amadurecida com elas, sabe?

— Já estou sabendo. Só não sei como localizar essas conchas-mestras. Puxa, se eu soubesse disso, não teria ficado mais de um milhão de anos amadurecendo aquelas conchas Selenitas!

— Meu senhor, um guardião de mistérios não revela a ninguém, nem mesmo às suas amadas senhoras, os outros domínios sob sua guarda e sob o amparo energético do seu mistério gerador. Este é um comportamento dos profanos e dos exibicionistas.

— Desculpe-me, mas sei tão pouco sobre essas coisas afeitas a um guardião que, ou alguém me ensina ou vou cometer várias falhas. Ajude-me, por favor!

— Venha comigo, que ensinarei como deve proceder para identificar, num simples vislumbre, a concha-mestra de toda uma onda viva, meu senhor.

Ela ensinou-me como identificar num vislumbre uma concha-mestra e também como fazer para apagar da memória e da mente de alguém uma informação secreta. E depois exigiu que eu apagasse da mente dela aquela minha inconfidência sobe a dimensão Selenita.

Apaguei a minha inconfidência e me senti mais aliviado. Então fui visitar os novos domínios colocados sob minha guarda e sob o amparo do meu mistério gerador, ao qual recorri para amadurecer todas aquelas ondas vivas através das suas conchas-mestras.

E fiz isso recorrendo aos portais atemporais, fato este que facilitou meus deveres e obrigações de guardião.

Com tudo concluído, e vendo que ali eu já não era necessário, volitei até o portal de acesso à escola de guardiões e, no instante seguinte, o meu mestre instrutor surgiu à minha frente e perguntou-me:

— Como foi sua recuperação, Aprendiz Sete?

— Foi melhor do que eu esperava, meu senhor.

— Fico feliz que assim tenha sido. Siga-me!

Volitei atrás dele e, no instante seguinte, estávamos mais uma vez diante do dirigente daquela escola de guardiões, que foi logo perguntando ao meu mestre:

— O que o traz aqui, guardião Saginêh?

— Vim comunicar-lhe que o meu discípulo Aprendiz Sete se recuperou melhor do que ele esperava e que está pronto para ser levado ao seu aposento, meu senhor.

— Ótimo! Dê-lhe também uma veste condizente com seu grau de aprendiz de guardião porque essas vestes humanas que ele usa não combinam com esta escola.

— Assim será feito, meu senhor. Com sua licença!

Eu limitei-me a curvar-me e dar três passos para trás, iniciando-os com o pé direito, tal como havia me ensinado aquela senhora mãe da vida com quem eu estivera até minutos antes. Fato este que extraiu dele uma observação:

— Vejo que você aprendeu algumas coisas enquanto se recuperava, Aprendiz Sete!

Voltei-me para ele e fiquei à espera de algo inusitado, mas ele olhou para o crânio de pedra negra sobre sua mesa, depois me olhou nos olhos e falou:

— Não. Você é só um espírito humano ainda na fase de iniciação do seu aprendizado... e esse mistério é para alguém mais habilitado que um simples espírito humano.

Eu nada pensei ou vibrei, e permaneci tão impassível quanto aquele crânio negro. Então ele perguntou-me:

— Você está me desafiando, Aprendiz Sete?

— Não estou, meu senhor.

— Então porque, ao invés de olhar nos meus lhos, limita-se a contemplar-me?

— Meu senhor, a iniciativa não me pertence, e estou à espera de sua licença para retirar-me.

— Você reage exatamente como imaginei, Aprendiz Sete!

— Como o senhor me imaginou, meu senhor?

— Apenas como um espírito humano e nada mais!

— Como, aos olhos do senhor, são os espíritos humanos, meu senhor?

— São uns fracos e basta um susto e uma dorzinha qualquer para começarem a temer pelo pior, sabe?

— Não sei não, meu senhor.

— Então por que não me faz um desafio e chama para si a missão de desvendar o enigma desse crânio, como a mais densa sombra?

— A iniciativa não me pertence, meu senhor. Mas não fugirei às suas determinações e não recuarei em meu aprendizado nesta egrégia escola de guardiões. Ordene que cumprirei, determine que realizarei. Só não me humilhe, que me ofenderei e não responderei pelas minhas reações aos meus ofensores, meu senhor.

— O que você está insinuando, Aprendiz Sete?

— Não insinuo nada. Apenas digo-lhe que, ou me tenha na conta de um aprendiz nesta escola, ou me expulse dela, mas não me ofenda nunca mais senão não responderei pelas minhas reações.

— Eu dirijo esta escola desde que ela foi criada pelo meu senhor Ogum Naruê, Aprendiz Sete. E falo como eu quiser com aqueles que ele envia até aqui para serem reeducados segundo os ditames da lei dos guardiões de mistérios.

— O senhor tem o direito de falar como quiser com seus subalternos. Mas não tem o direito de ofender a honra e a moral de nenhum deles, meu senhor.

— Você é petulante e impetuoso, Aprendiz Sete. Ousa me contradizer?

— Eu sou o que sou e sou como sou. E não estou contradizendo-o, mas sim alertando-o sobre essa sua forma de dirigir-se a mim, pois considero-a ofensiva e muito depreciativa para com os espíritos humanos.

— Os espíritos humanos são todos iguais: fracos, indecisos, inconsequentes e deprimentes, Aprendiz Sete.

— Repito-lhe que sou como sou e sou o que sou. E se assim sou e não lhe agrada a minha presença ou o meu modo de ser, aviso-o que não deixarei de ser o que sou e de reagir como sou. Então, expulse-me, porque não deixarei de ser o que sou e de agir como sou: um espírito humano, meu senhor!

— Esta escola não expulsa nenhum dos seus membros, Aprendiz Sete. Apenas os remodela e os coloca a serviço da Lei e da Vida. E vou remodelá-lo, sabe?

— Não sei não, meu senhor. Mas se voltar a me ofender, terá de sacar essa sua espada simbólica porque voarei na sua garganta e o esganarei com estas minhas mãos humanas. Isto farei; e não ouse duvidar, meu senhor!

— Quem é você, Aprendiz Sete?

— Eu sou o que sou e sou como sou. Sou o Aprendiz Sete, um espírito humano, meu senhor.

— E quem é você, espírito humano que aqui se apresentou como Aprendiz Sete?

— Decifra-me e te devorarei, meu senhor!

— Isso é um enigma, não?

— É um enigma, meu senhor.

— O que ele significa, Aprendiz Sete?

— Quando souber o significado dele, já terá sido devorado por mim, meu senhor.

— Já que você joga com as palavras, tal como só Exu faz, primeiro vou remodelá-lo para depois lhe perguntar quem você é, Aprendiz Sete.

— Faça como quiser, meu senhor. Mas aviso-o de que já comecei a devorá-lo, certo?

— Aviso recebido, Aprendiz Sete. Pode retirar-se!

— Com sua licença, senhor!

Eu lhe virei as costas marcialmente e, com passos duros, saí de sua sala.

Segui meu mestre até um aposento dentro daquela escola de guardiões e, depois de olhá-lo rapidamente, ele explicou-me que dali em diante eu poderia deslocar-me dali para o exterior ou retornar diretamente para ele quando cumprisse alguma missão de aprendizado.

Depois o segui até uma outra ala onde havia uma sala. Entramos nela e uma mocinha graciosa e muito bonita nos recebeu com um sorrido e perguntou ao meu mestre:

— Guardião Saginêh, esse é o espírito humano que sucumbiu ao poder do mistério da Selenita?

— É ele sim, Davináh. Dê-lhe uma veste apropriada ao seu grau de aprendiz e, depois, mostre-lhe todas as dependências desta escola de guardiões. Quando terminar, leve-o até a amurada onde estarei de guarda.

— Sim senhor, guardião Saginêh! — farei isso com prazer.

— Até mais!

O meu mestre saiu e aquela mocinha graciosa e muito bonita ordenou-me:

— Aprendiz Sete, retire essa sua veste humana, que não poderá usar de agora em diante.

— Devo retirá-la aqui, na sua frente?

— O que tem isso demais?

— Ora, eu ficarei nu, sabia?

— O que tem, se ficar nu?

— Eu não gostaria de ficar nu na sua frente, já que é uma moça. É uma questão de formação, sabe?

— Aprendiz Sete, você não está mais na dimensão humana. Entre os seres naturais, aja com naturalidade!

— Já que é assim, e minha nudez não a incomodará, então está bem! — exclamei, despindo minha veste humana, que consistia de uma camisa, uma calça e um par de sapatos brancos.

Ao ver-me nu, ela correu rapidamente seus olhos pelo meu corpo, mas voltou a olhar fixamente justamente para onde eu mais procurava ocultar. E lançou uma exclamação:

— Puxa, como você é maduro nesse seu sentido!

— Por favor, dê-me minha nova veste, Davináh!

— Antes... quero ver isso, pois antes nunca vi outro igual, e olha que já vi muitos espíritos, sabe?

— Por favor, dê-me minha nova veste, sim?

— Está certo. Melhor cobri-lo, senão serei fascinada por ele!

— Faça isto, Davináh. Não devemos olhar muito para o que mais desejamos, senão ficamos possuídos pelo desejo de possuirmos o que mais desejamos.

— O que você quer dizer com isso, Aprendiz Sete?

— É uma forma humana de dizermos tudo sem dizermos nada ou de não dizermos nada dizendo tudo, sabe?

— Não sei não. Explique-me isso, por favor.

— Primeiro, dê-me minha nova veste.

— Bem, vou dar-lhe uma que o oculte bem, senão não conseguirei desviar meus olhos desse seu sexo tão maduro!

— Faça isso, Davináh! — exclamei rindo do seu jeito tão natural de dizer o que pensava.

Ela apanhou uma batina preta com um cordão branco na cintura e cobri meu corpo com aquela roupa, esquisita para alguém como eu, tão acostumado com minha outra veste, toda branca.

Mas nada disse nem reclamei, porque aquela vestimenta de iniciante servia aos meus propósitos de não chamar a atenção de ninguém, já que os espíritos humanos não eram bem vistos por ali.

— Essa veste ocultará seu mistério, meu senhor! — falou-me Davináh, olhando-me nos olhos.

— Ocultará sim. Obrigado, Davináh. — Respondi-lhe agradecido.

— Quando desejar formar um par comigo, estarei à sua espera, meu senhor.

— Por que você disse isso, Davináh?

— Eu já o escolhi como o meu par ideal, meu senhor. Agora, ficarei à espera de que me aceite e forme comigo o par dos meus desejos.

— Par dos seus desejos? O que isso significa?

— O senhor não sabe?

— Não sei, Davináh.

— Entenda assim: quem deveria assumir meu amadurecimento neste sentido esgotou seu poder de formar novos pares. Então estou sem alguém que poderia amadurecer-me naturalmente para que eu viesse a tornar-me uma mãe da vida.

Mas, se não vou amadurecer e tornar-me uma mãe da vida porque meu par natural tornou-se impotente e estéril, no entanto, eu continuo a sentir desejos neste meu sentido, e procuro alguém que os satisfaça.

— Agora sei. É assim que vocês chamam um amante, não?

— É sim, meu senhor. Um amante não é quem satisfaz os desejos de quem é infeliz nesse sentido da vida?

— Bom... creio que é isso mesmo, Davináh.

— Então já sabe de minha vida e da minha necessidade, meu senhor. Estarei à espera do momento em que me assumirá como amante, certo?

— Vou meditar sobre isso, Davináh.

— Estarei à sua espera, meu senhor.

— Leve-me até onde está o meu mestre, por favor.

— Siga-me, meu senhor.

Eu a segui e, no instante seguinte, estávamos na amurada, ao lado do guardião Saginêh, que foi logo perguntando:

— Por que se demorou tanto, Aprendiz Sete?

— Estava conversando com a Davináh, meu senhor. Desculpe-me pela demora.

— Saiba que um guardião não se demora mais que o necessário quando está fora do seu posto.

— Desculpe-me, meu senhor.

— Não haverá novas desculpas, Aprendiz Sete.

— Sim senhor.

— Conscientize-se de que uma demora desnecessária, despendida com coisas sem importância, pode acarretar consequências funestas para aqueles que dependem da nossa atenção e vigilância permanentes.

— Como assim, meu senhor?

— Se você quer ser um bom guardião, deve vigiar o tempo todo os domínios colocados sob sua guarda e amparo.

Guardiões desatentos ou relapsos deixam seus domínios expostos aos predadores ou aos que os vigiam o tempo todo à espera de uma distração da nossa parte, sabe?

— Não sabia disso, meu senhor. Pode alongar-se um pouco mais e explicar-me como isso acontece?

— Eu explico-lhe. Mas preste toda atenção porque não tornarei a comentar este assunto, certo?

— Sim senhor.

— Saiba que todo mistério guardado por um guardião tem seu contra-mistério ou seu oposto natural que, a um descuido nosso, invade os domínios guardados pelo nosso mistério natural e apossa-se dele para usufruir de tudo o que o domínio invadido possa oferecer ao domínio oposto pertencente ao invasor.

— Como fazer, caso isso aconteça, meu senhor?

— Nós damos combate ao invasor até fazê-lo recolher-se ao seu domínio ou...

— Ou o que, meu senhor? — perguntei, já preocupado com meus novos domínios.

— Ou até sermos derrotados e subjugados pelo mistério do invasor, que aí, não só se apossará em definitivo do domínio colocado sob nossa guarda, como ele se apossará de nosso mistério e nos tornará seu escravo e seu dependente.

— Essa não, meu senhor! — exclamei assustado e preocupado com os domínios que já havia assumido como sustentador da vida... e da sua multiplicação.

— Algo o preocupou, Aprendiz Sete?

— Preocupou-me sim, meu senhor. Sou só um aprendiz e desconhecia esse outro lado das coisas, sabe?

— Sei sim. Portanto, caso tenha algum domínio sob sua guarda e proteção, vigilância e sustentação, trate de vigiá-lo atentamente, e o tempo todo.

— Como posso fazer isso se não sei?

— Eu lhe ensino, Aprendiz Sete. E, após aprender como vigiar um domínio colocado sob sua guarda e proteção, caso surja algum desequilíbrio dentro dele, desloque-se até ele através do portal atemporal de acesso, resolva rapidamente a causa do desequilíbrio e retorne ao seu posto de vigilância no mesmo instante, porque sua presença poderá ser necessária em outro domínio colocado sob sua guarda (ao mesmo tempo).

— Preciso aprender isso, também, meu senhor.

— Mas não é só isso, Aprendiz Sete.

— Não?!

— Não mesmo. Um guardião tem de ter uma visão abrangente do campo ou faixa vibratória por onde seu mistério flui e atua como equilibrador, porque novos domínios podem entrar na sua faixa vibratória e você terá de reequilibrá-lo rapidamente, senão o desequilíbrio dele afetará seu poder de realizar suas ações, já que milhões de ondas vibratórias desordenadas começarão a chegar até você e o desequilibrarão e o enfraquecerão muito rapidamente.

— O senhor me ensinará como obter essa visão abrangente da faixa vibratória por onde flui meu mistério?

— Qual das faixas, Aprendiz Sete?

— Como?!

— Perguntei-lhe sobre qual das faixas quer ter essa visão abrangente.

— Tem mais de uma faixa, meu senhor?

— O seu mistério não é sétuplo?

— É... creio que é, sabe?

— Se é, então qual das faixas você quer dominar visualmente?

— Ensina-me como conseguir essa visão que, do resto, eu cuido, está bem?

— Para mim está. E para você?

— Para mim também está bem, meu senhor.

— Por que você procede como se não quisesse revelar-me a faixa por onde seu mistério sétuplo começou a fluir e atuar?

— Isso é algo pessoal, meu senhor.

— Sem conhecê-la não poderei instruí-lo com profundidade e com minha experiência, Aprendiz Sete.

— Eu poderei consultá-lo caso venha a encontrar dificuldades?

— Poderá. Mas um aprendiz tem de confiar totalmente no seu mestre instrutor, e vice-versa.

— Sei, meu senhor. Mas temo ser ouvido por outros... e isso não me agrada, nem um pouco.

— Davináh, deixe-nos a sós. — Ordenou o guardião Saginêh, incisivo.

— Sim senhor, meu senhor. Mas já sei por onde flui o mistério do Aprendiz Sete, sabe?

— Se sabe, guarde para si porque a proíbo de revelá-lo a quem quer que seja. Entendido?

— Sim senhor. Com sua licença, meu senhor!

— Pode retirar-se, Davináh. — ordenou o meu mestre que, a seguir, falou-me: — Agora podemos conversar tranquilamente que não seremos ouvidos. Mas não pense em momento algum... e só use da comunicação verbal.

— Sim senhor. Já aprendi que os meus pensamentos são captados pelo senhor ou pelo senhor do local onde estamos.

— Então não use do pensamento em momento algum... e só use a comunicação verbal ou visual, caso não haja mais ninguém por perto, certo?

— Preciso aprender sobre a comunicação visual também, meu senhor.

— Precisa sim, porque é por meio desse recurso que os regentes dos domínios guardados por nós se comunicam conosco quando precisam do auxílio do nosso mistério para reordenar seus domínios que entraram em desequilíbrio.

— Entendo, meu senhor.

O fato é que o meu mestre me instruiu sobre todas as coisas citadas aqui, e sobre várias outras que não citarei. E também me instruiu sobre as espadas simbólicas, explicação esta que me assustou, pois, se eu tivesse voado na garganta do dirigente daquela escola de guardiões, teria sido degolado no mesmo instante que me protegesse contra ele.

— É isso, Aprendiz Sete. Guarde bem os domínios confiados a você pelo Senhor da Vida e pelo nosso senhor Ogum.

— Eu farei isso, meu senhor.

— Faça-o, mesmo que ponha em risco a própria vida, senão o Senhor do seu mistério o anulara em seu íntimo porque ele não admite um recuo de sua parte ante os domínios que entrarem na sua faixa visual, que é a por onde flui seu mistério. E não admitirá um recuo seu frente às forças que tentarem invadir os domínios colocados sob sua guarda e sob o amparo energético, vibratório e magnético desse seu mistério gerador de meios ideais para a vida fluir e multiplicar-se.

— Estou um tanto constrangido por ter esse mistério, sabe meu senhor?

— Sei sim. Mas aconselho-o a anular esse seu constrangimento e substituí-lo pela preocupação quanto às solicitações que lhe chegarão de todos os lados, sabe?

— Não sei não. Explique-me isso, meu senhor.

— Bom... além das jovens que desejam ardentemente o amadurecimento nesse sentido para tornarem-se "mães da vida natural", ainda há mais dois fatos preocupantes. Um é a existência de muitas mães já senhoras da vida que já esgotaram suas faculdades e capacidade multiplicadora e exteriorizadora e que anseiam pelo surgimento em suas vidas de um real renovador delas. E elas são muitas mesmo, Aprendiz Sete!

— Muitas senhoras mães da vida que desejam a renovação dos seus mistérios, é?

— É sim. São muitas mesmo. E esse fato está relacionado ao outro.

— Por que, meu senhor?

— Até onde sei, esse seu mistério estava desaparecido, e há muito tempo não surgia algum manifestador natural dele.

— Por quê?

— Creio que quem sabe o porquê é o próprio Senhor da Vida, já que os últimos portadores naturais dele andaram se desvirtuando e tornando-se geradores de fatores opostos... e contrários à vida e aos princípios que a regem e a multiplicam, exteriorizando-a.

— Bem, já percebi que vou ser solicitado por muitas dessas mães da vida. Só não sei como lidar com meu mistério e nem como identificar possíveis invasões e como bloqueá-las e anulá-las.

— Para lidar com essas poderosas mães da vida, basta ser menos emotivo e impetuoso e tornar-se mais racional e sensato.

— Como posso ser menos emotivo, se quando percebo o que está acontecendo já não tenho nenhum controle sobre minhas reações e sobre a incrível e poderosa vibração que se apossa deste meu mistério?

— Basta você antecipar-se e assumir a frente dos acontecimentos, comandando a formação dos pares ideais. Assumindo-o, você não terá de realizar suas ações de forma individual, porque centrará seus esforços nas mães-raízes do mistério que se exteriorizam à volta delas e sempre a partir dos seus centros neutros individuais. Transporte-se diretamente para eles através dos portais atemporais e, deles alcançará, numa só ação irradiante, todos os domínios delas, não dispersando suas ações e não ficando dentro desses centros neutros individuais por mais tempo que o necessário.

— Isso resolve o problema de tantas solicitações individualizadoras feitas pelas filhas ou pelas irmãs delas?

— Resolve sim. E, assim procedendo, você só entrará nos domínios delas caso surjam situações que só com sua intervenção direta elas serão anuladas.

Saiba que essa conduta demora mais tempo para o amadurecimento de futuras mães da vida; no entanto, é um processo natural e o mais recomendável.

— Entendo, meu senhor.

— Quanto às invasões dos seus domínios pelos seus predadores e opostos naturais, saiba que elas começarão pelo íntimo das suas senhoras ou das suas futuras senhoras. E quando se tornarem visíveis, aí terá de usar de todo o seu poder e até terá de invadir os domínios dos seus opostos, anulando-os e subjugando-os ou os executando segundo os ditames da preservação dos seus domínios e dos mistérios colocados sob sua guarda e proteção. Você terá de combater, Aprendiz Sete!

— Como farei isso, meu senhor?

— Você não dominou aquela pedra e a transformou na espada da sua dor?

— Sim. Mas isso significa que terei de lutar a mão armada, não?

— Não. Você é o poder da sua espada. Ela é só um veículo, um meio para o seu mental irradiar a dor aos seus adversários e anular a ação predadora deles.

— Como isso funciona, meu senhor?

— Você fecha sua mão no cabo de sua espada e trava um combate mental até paralisar o mental adversário para, a seguir, desmagnetizá-lo e romper o campo protetor erigido por ele à sua volta. Quando você romper o campo mental à volta de um adversário seu, aquelas irradiações cortantes e corrosivas o envolverão e o cortarão na dor, tirando-o do seu campo e lançando-o nos campos de outros mistérios esgotadores da dor neles, onde ele será retificado de comportamentos negativos e condenáveis aos ditames retos da lei.

— Combate mental, é?

— É sim, Aprendiz Sete.

— Eu pensei que teria de dar combate corpo a corpo. Não sou nenhum espadachim, meu senhor. Acho que nem sei como empunhar corretamente uma espada.

— Eu vou lhe mostrar como você deve empunhar sua espada para um combate mental decisivo.

Após ensinar-me isso, o guardião Saginêh ensinou-me outra postura correta:

— Aprendiz Sete, se você entrar em um domínio alheio com uma de suas mãos no cabo de sua espada, imediatamente será combatido e, se possível, anulado!

— Puxa!

— Portanto, ou entre combatendo ou entre com as mãos na posição de descanso, senão será visto como hostil.

Mas deixar as mãos afastadas do cabo de sua espada não significa que deva baixar sua guarda ou desativar suas defesas naturais, certo?

— Sim senhor. Só não sei quais são minhas defesas naturais.

— Aquele fogo que você irradiou quando foi atingido pelas energias cortantes da Selenita é uma de suas defesas naturais, Aprendiz Sete.

— Por que ele só brotou quando eu estava todo rasgado?

— Bom, ele é gerado em seu sétimo sentido, e quando a irradiação alcançou o seu sexo, ele brotou espontaneamente e bloqueou o avanço dela para preservá-lo e ao mistério que você irradia através dele.

— Entendo.

— Se entende, então trate de trabalhar essa sua defesa natural e torná-la abrangente e comum a todos os seus sentidos e seus mistérios principais, assim como aos seus mistérios auxiliares, porque ela é poderosa e consome energias que lhe são adversas... em todos os sentidos, sabe?

— Não sei não, meu senhor.

— Você não viu como ficou quando discutiu com o nosso superior e nosso líder dirigente nesta escola de guardiões?

— Eu não vi nada, meu senhor.

— Eu vi, Aprendiz Sete! Você virou uma tocha rubra e por pouco sua irradiação consumidora de energias não o envolveu, devorando-o e reduzindo-o a ovoide.

— Puxa!

— Isso só não aconteceu porque você não sabia que possuía esse poder natural e também porque ele criou um campo mental que o isolou e o protegeu de suas irradiações ígneas consumidoras.

Saiba que esse seu fogo consumidor torna os seus geradores naturais em guardiões temíveis e evitados por seus adversários naturais ou que atuam em campos opostos.

— Agora entendo o que ouvi de uma senhora da vida que formou comigo um par ideal e distinguiu-me como guardião dos seus domínios e do seu mistério gerador de energias vivas!

— O que ela disse a você?

— Bom, ela disse que eu era o par ideal de toda mãe da vida porque, além de consumir seus desequilíbrios energéticos, magnéticos e emocionais, eu também consumia todas as energias irradiadas sobre elas pelos seres que as descarregavam nelas.

Mas ela também me disse que este meu mistério, assim que se uniu ao dela, consumiu todas as ligações negativas que vinham paralisando-a e esgotando as energias geradas por ela para alimentar internamente os mistérios de suas filhas.

— Você viu isso acontecer?

— Não. Mas vi um cordão escuro, e muito grosso, que saía do sétimo sentido dela e descia pela escuridão que começava bem debaixo dos seus pés, sabe?

— Sei como é isso, Aprendiz Sete. Ela estava sendo possuída internamente pelos seus predadores naturais que estavam esgotando nela as energias geradas e não absorvidas por quem formasse um par ideal com ela. Mas agora isso não voltará a acontecer com ela porque, tanto ela quanto todas as suas irmãs de onda viva já têm em você o guardião com quem formaram pares ideais.

— Não esqueça das filhas delas, todas também estavam com aqueles grossos cordões escuros enraizados, sabe?

— Sei, e digo que deve vigiar todas elas e, em caso de surgirem novos cordões, atue logo e individualmente para sanar quaisquer desequilíbrios surgidos nos mistérios colocados sob sua guarda, pois, caso deixem de atuar só no íntimo e comecem a atuar no exterior delas, eles as puxarão para baixo e aí as subjugarão mentalmente e degenerarão seus mistérios geradores, abrindo neles fontes geradoras das energias que mais precisam para alimentarem e amadurecerem seus próprios e degenerados mistérios geradores de energias negativas. E isso, sem contar que degeneram as suas conchas e transformam fontes de prazer e vida em portais de dores e doenças.

— Isso é possível, meu senhor?

— É sim, Aprendiz Sete. Você lidou muito com esses cordões negativos e degeneradores quando viveu no plano material, onde era um mago. Você ainda se lembra dessas suas atuações?

— Lembro-me sim. Era um campo de ação muito delicado.

— Por quê?

— Bem, não era fácil revelar a alguém que estava sob atuação energética, cujo objetivo dos atuadores era esgotar a insatisfação sexual dos atuados. É um campo delicado, meu senhor.

— Eu sei que é, venha comigo, Aprendiz Sete!

— Sim senhor.

Eu o segui e pouco depois estávamos no plano material da vida, já observando pessoas que sofriam atuações energéticas a partir de faixas negativas da vida.

Ali, a partir do lado espiritual da vida, estudei as atuações energéticas em profundidade e vi o que antes nunca havia imaginado: homens e mulheres, no plano material, alimentando seres cujas energias opostas degeneravam seus corpos espirituais, sempre visando a anular sua sexualidade e dominar suas fontes geradoras de energias criacionistas.

As ligações energéticas por cordões surgiam espontaneamente, logo após um espírito encarnado começar a vibrar insatisfação sexual.

E, após estabelecidos os cordões energéticos, eles só engrossavam cada vez mais, deformando o sexo no espírito do ser encarnado.

Em muitos casos, vi as energias enviadas a eles atraírem criaturas, as mais estranhas possíveis, e que se alimentam justamente das energias negativas que iam se acumulando nos órgãos espirituais do sétimo sentido deles.

Como tudo acontece no corpo energético ou espírito, as pessoas não percebiam o que estava acontecendo com elas.

Eu, instruído pelo guardião Saginêh, estudei a fundo todo aquele campo e cheguei às minhas conclusões, que me guiariam dali em diante.

Quando voltamos à escola de guardiões, ele perguntou-me sobre os três acessos aos mistérios de algumas das mães da vida que haviam formado pares comigo e, após conhecer as três formas de acessar os mistérios geradores, exclamou:

— Aprendiz Sete, só ensinando aprendemos!

— Por que, meu senhor?

— Bom, eu já sabia da existência de um acesso frontal e de outro vertical. Mas nunca antes ouvi alguém citar a existência de um portal de acesso por detrás ou por trás, ou seja lá como for.

— Elas disseram que esse é um mistério fechado e que elas só o abriram para mim porque sou um guardião tripolar, sabe?

— Agora já sei, guardião tripolar, certo?

— Isto mesmo, meu senhor.

— É possível acessar esses portais através das passagens atemporais?

— É possível, sim.

— Como é a reação energética quando você adentra por estes portais ocultos?

— Não sei como explicar, mas creio que me beneficio das energias ali geradas e que consigo absorvê-las com tanta naturalidade e facilidade, que elas distinguiram-me como guardião humano desses seus acessos ocultos, sabe?

— Sei... ou penso que sei. Bem, deixemos que o tempo o instrua sobre o que desconheço e vamos ao que posso instruí-lo. Comece a usar sua visão total sobre sua faixa de ação e descreva-me o que você ver, está bem?

Eu abri minha visão total e aos poucos vi círculos concêntricos à minha volta totalmente escuros. E em alguns vi minúsculos pontos luminosos. Quando comuniquei isso a ele, recebi a determinação de fixar minha visão num dos pontos luminosos, alcançá-lo até que estivesse bem de frente e um pouco acima dele para poder ter uma visão total do que eu deveria vigiar e observar.

Aos poucos fui conseguindo e o ponto visado por mim logo se mostrou como o mundo Selenita.

— Agora corra sua visão por todas as faixas da vida existentes nesse seu domínio natural, Aprendiz Sete. Procure descobrir se em alguma existem pequenos buracos escuros ou passagens para o embaixo, certo?

Eu fiz o que ele determinara e logo comecei a ver muitos buracos negros ou passagens para o lado oposto daquelas faixas vibratórias, e exclamei preocupado:

— Essa não! Eu assumi a guarda e a proteção de domínios com mais furos que um queijo suíço, meu senhor!

— Calma, pois você tem toda a eternidade para fechar essas passagens para o lado oposto das faixas sob sua guarda e proteção. Portanto, não se emocione e comece a agir com a razão.

— Eu estou encrencado, isto sim! Nem sei como agir com essas passagens e já vejo tantas que nem em um milhão de anos fecharei todas!

— Você pode, a partir daqui mesmo, deslocar-se para cada uma delas e fechá-las. Deve usar os portais do tempo de acesso a esses pontos escuros e retornar no mesmo instante, não gastando realmente tempo algum nesta realidade em que você está agora.

— Bom, assim dá para ir fechando-os.

— Dá sim. Mas antes, centre sua visão sobre os pontos escuros dentro das faixas luminosas e estude-os muito bem antes de deslocar-se até um deles para fechá-lo. Centre-se em um, Aprendiz Sete! — ordenou-me o guardião Saginêh, meu mestre-instrutor naquela escola de Guardiões da Lei e da Vida.

Quando fiz isso e tive uma visão total de um ponto escuro, assustei-me e exclamei:

— Meu Deus e meu Senhor! O que vi enquanto estudávamos as ligações das pessoas com os espíritos não é nada se comparada com o que vejo!

— O que você está vendo, Aprendiz Sete?

— O senhor não está vendo?

— Eu não tenho acesso ao seu grau visual porque ele é só seu e me é inacessível, já que ele pertence só a você e ao seu mistério.

— Como vou lidar com o que vejo, se antes nunca vi nada igual para estabelecer comparações? — perguntei, muito aflito.

— Trate de reagir com a razão, Aprendiz Sete! A emotividade não serve para nada nessas situações. E, creio eu, você só está vendo seres que se degeneraram porque deixaram de ser alimentados pelos seus fatores originais e passaram a absorver grandes quantidades de fatores com funções opostas ou degeneradoras dos seres, vistos por você como criaturas aberrantes.

— Meu Deus, que horror!

— Você vê, logo, você pode interagir mentalmente com cada um desses seres e descobrir a origem da inversão de suas funções ou da degeneração das suas formas originais, as quais deixaram de ostentar justamente porque deixaram de ser alimentados por suas energias fatorais originais e passaram a absorver outras, inversoras ou degeneradoras.

— Eu não sei como interagir mentalmente com as criaturas que vejo. E são tantas que nem consigo contá-las.

— Não se preocupe com o número de seres. Lembre-se sempre que são membros de ondas vivas exteriorizadas pelas mães da vida responsáveis por esses domínios, mas que não tiveram um par ideal para alimentar e sustentar seus mistérios geradores a partir do exterior.

Saiba que os seres colocados sob a guarda e o amparo delas só foram alimentados com a energia fatoral delas, que só geram a parte feminina, e tornaram-se deficientes em todos os sentidos, já que lhes faltou a parte masculina e que tornariam plenos em si mesmos os seres que agora você vê como aberrações.

— Como isso acontece realmente, meu senhor?

— Bom, até onde sei, as mães da vida amadurecem naturalmente sozinhas porque são, em si, exteriorizações das mães geradoras divinas assentadas no íntimo gerador da criação. Elas são exteriorizadas em ondas vivas através de conchas gigantescas, tal como as que você já viu e me descreveu, e com as quais até já estabeleceu uma comunicação sensorial.

Então, após serem exteriorizadas, elas começam a crescer na forma de conchas, tal como você já viu, certo?

— É, eu vi sim.

— Bom... então vão crescendo e amadurecendo na forma original em que foram exteriorizadas e ficam à espera de que alguém de sexo oposto-combinante se ligue a elas e lhes dê a forma ideal para que possam recolher suas formas originais em si mesmas, e deixam só uma fenda de acesso ao mistério que são em si mesmas porque elas são o que são: mães geradoras da vida!

— E como acontecem essas degenerações?

— Bom, até onde sei, quando elas são exteriorizadas, logo começam a projetar ondas hipercarregadas do fator que geram, e estas ondas são altamente magnetizadas porque precisam ligar-se às ondas energéticas masculinas, que passarão a supri-las com energias que sustentarão seus amadurecimentos e as induzirão a se fecharem em si mesmas e a ocultarem em corpos femininos o mistério gerador da vida, que elas são em si mesmas.

Mas, quando suas ondas fluem por todo o meio onde foram exteriorizadas e não encontram ondas masculinas complementares, então elas descem para o lado oposto e ligam-se a ondas com funções opostas que costumam paralisá-las ou degenerá-las, tornando-as as aberrações que agora você vê.

E quando todo um domínio se negativa e escurece, a sua mãe da vida sustentadora perde seu poder mental e começa a abertura de uma ou de várias passagens pelas quais sobem criaturas geradoras da parte oposta do fator ou dos fatores gerados por ela.

— Entendo. A parte positiva de um domínio destina-se aos que classificamos como seres, e são iguais a nós. E a parte negativa de um domínio destina-se aos que classificamos como criaturas inferiores ou animais. É isso?

— É mais ou menos isso, Aprendiz Sete. Nós entendemos que a parte positiva dos fatores destinam-se à abertura e fortalecimento das faculdades racionais dos mentais. Já a parte negativa deles se destina a alimentar os instintos básicos, o emocional, e a anular sentimentos desvirtuadores e a insatisfação que se instala nos sentidos básicos dos seres.

— É complexo este assunto, meu senhor!

— É muito complexos sim. Portanto, analise detalhadamente e com muito cuidado e racionalismo os pontos escuros existentes dentro dos domínios luminosos da sua faixa de atuação como Guardião da Lei e da Vida. Só atue quando tiver certeza de que pode dominar e solucionar as causas que os geraram, senão correrá o risco de falhar e criar novos desequilíbrios na sua faixa de atuação.

— Vou ter de estudar muito sobre este assunto, meu senhor.

— Peça a Davinàh que lhe forneça alguns livros sobre o mistério dos "fatores divinos" e se informará e entenderá melhor sobre este assunto complexo.

— Farei isso, meu senhor.

— Então me siga até a sala de armas porque você precisa aprender a manuseá-las com destreza e precisão.

— Antes de irmos até a sala de armas, gostaria de saber porque só vi uns poucos pontos luminosos em meio a uma escuridão impenetrável visualmente e infinita em todas as direções.

— Esse é o campo de atuação do seu mistério gerador, Aprendiz Sete. Só o divino Criador sabe realmente porque ele está todo escuro. Mas, se Ele confiou a você, é porque você é capaz de iluminá-lo, guardá-lo e sustentá-lo.

— Meu pai Ogum! Valei-me porque não sei nada e, no entanto, já começo a me sentir no meio da maior escuridão que possa existir!

— Qual é a maior escuridão que pode existir, Aprendiz Sete?

— É a escuridão da ausência de satisfação com a própria vida e da impossibilidade de vivê-la com alegria e prazer.

— Não se deixe abater pelo que acabou de descobrir.

— Como não me abater se só vejo escuridão à minha volta?

— Basta lembrar-se de que ela já estava à sua volta e nem ao menos você sabia da existência dela. Agora que sabe, pelo menos poderá se preparar bem para começar a diluí-la, transmutando o sentimento dos seres que vivem na ausência da vida existente nos seus domínios, Aprendiz Sete.

— Está certo, meu senhor. Mas já estou me sentindo escuro, muito escuro, sabe?

— Eu sei como é esse sentimento, meu dileto aprendiz! Saiba que, quando eu vi a faixa de atuação do meu mistério, também tremi, fraquejei e me senti incapaz de mudar a escuridão à minha volta. Mas fui bem instruído pelo mestre da Lei e da Vida que me assumiu, e pude iniciar um trabalho árduo e permanente, eterno mesmo, sabe?

— Imagino que seja um caminho sem volta este que o Nosso Senhor reservou para nós, não é mesmo?

— Não tenha dúvida disso, meu filho.

Nós estávamos emocionados e, se somos Guardiões da Lei e da Vida, também somos muito sensíveis. E, naquele momento, ambos derramamos em silêncio nossas lágrimas sentidas porque sabíamos que não havia retorno no caminho trilhado por nós, e eterno era o nosso trabalho de Guardiões da Lei e da Vida.

Lidar com a angústia, a aflição, o desespero e o horror era a nossa função dentro da criação divina.

Quando deixamos de derramar nossas lágrimas silenciosas e enxugamos nossas faces, seguimos para a sala de armas, onde fui apresentado ao meu mestre de armas.

O guardião Saginêh foi cuidar dos seus outros afazeres e eu comecei a ser instruído pelo mestre-armeiro que, de chofre, perguntou-me:

— Aprendiz Sete, para que serve essa sua espada de Selenita?

Eu refleti um pouco e respondi:

— Não sei, meu senhor.

— Então porque você a carrega na sua cintura?

— Eu... eu... não sei ao certo. Só sei que dominei as energias destrutivas e diluidoras da Selenita e, agora, eu a carrego comigo.

— Então trate de ocultá-la e só volte a ostentá-la quando souber para que ela serve e como deve usá-la. Antes disso, não quero vê-la mais, está certo?

— Sim senhor.

— Ótimo! Agora vamos iniciar sua instrução básica porque, sem ela, você será anulado no primeiro combate que travar com um oponente que domina o conhecimento sobre as armas simbólicas. Saiba, antes de mais nada, que uma arma indica um poder divino e o seu portador é o manifestador individual de uma das funções desse poder. Toda arma tem dupla função: Uma é de amparar a vida e aplicar a lei no campo de ação por que flui o mistério do seu portador. A outra é esgotar o negativismo dos seres que afrontam a lei e a vida no campo confiado ao seu portador. Entendido, Aprendiz Sete?

— Sim senhor, mestre-armeiro.

— Saiba também que nunca deve sacar uma arma simbólica se não tiver certeza de que ela é sua última defesa e seu último recurso antes de ser anulado pelo seu oponente que, se você falhar, irá executá-lo sumariamente e recolherá seus restos imortais para usá-lo segundo suas necessidades.

— Que restos imortais são estes, meu senhor?

— É o ovoide onde está alojada a sua essência imortal, ou alma. E caso alguém venha a se apossar dele, irá se conectar mentalmente à sua essência e extrairá dela tudo o que precisar para apossar-se do seu campo de ação e subjugar os seres confiados à sua guarda, assim como ativará mentalmente, e em si, o mistério que você agora manifesta naturalmente e que o distingue como Guardião da Lei e da Vida.

Saiba que, se você cair frente ao seu oponente, contigo cairão todos os domínios confiados à sua guarda e proteção. E quem o derrotar com certeza irá se apossar deles e conduzi-los segundo seu entendimento e sua consciência da Lei e da Vida.

— Puxa!!!

— Vidas, muitas vidas dependem de você como guardião delas e dependem do seu mistério como sustentador energético e fatoral do mistério delas, muitos já abertos e ativos e muitos mais ainda em fase de amadurecimento.

— Vidas... muitas vidas sim, meu senhor.

— Bem, primeiro você deve conhecer as armas usadas por guardiões do lado negativo da vida e saber o que elas realizam se ativadas mentalmente por seu portador e o que realizam por si só e sem o conhecimento dele, pois toda arma simbólica chama para si as irradiações energéticas e as vibrações mentais projetadas contra o seu dono.

— Isso eu não sabia, meu senhor.

— Você precisa aprender a ver o que sua arma vai chamando para si e a agir antes que ela reaja por si mesma e cause danos irreparáveis, ou fique sobrecarregada e perca seu poder de irradiar-se quando você tiver de sacá-la e usá-la.

Saiba que esse é um dos meios que serão usados contra você pelos seus oponentes, Aprendiz Sete. Primeiro eles projetarão, ondas energéticas anuladoras do seu mistério, que serão recolhidas pela sua arma simbólica, e, com isso, começam a enfraquecê-lo sem se desgastarem mentalmente, porque usarão ovoides, para isso, de seres que geram justamente o fator e as energias opostas ou neutralizadoras do seu fator e das suas energias.

Com isso feito e tendo iniciado o seu esgotamento energético e mental, então começarão a atuar contra os pontos vulneráveis dos domínios colocados sob sua guarda e proteção, visando a dispersá-lo e distraí-lo enquanto, ocultamente, preparam a investida principal que, com certeza, acontecerá num momento em que você se emocionar ou fraquejar diante de muitas solicitações de auxílio por parte dos mistérios guardados por você.

— Estou começando a entender, meu senhor. E estou ficando preocupado.

— Isso é muito bom! Guardiões despreocupados costumam pagar caro pela desatenção e pela negligência para com os mistérios que manifestam ou guardam. Preocupe-se sim, Aprendiz Sete!

— O senhor não é nada animador, meu senhor!

— E conheço o que ensino e sei qual é o poder de cada uma destas armas que você vê nesta sala, Aprendiz Sete.

— Creio que conhece, mestre-armeiro. Mas o que me preocupa é o modo de atuar dos meus oponentes. Tenho muito a aprender!

— Eu vou ensinar-lhe o básico. Já o estágio mais avançado do seu aprendizado sobre as armas simbólicas, isso serão seus oponentes que o ensinarão. Digamos que o estágio avançado é um aprendizado prático, certo?

— Se o senhor está dizendo-me que assim será, já não tenho dúvida de que assim será.

— Isso é bom, Aprendiz Sete. Saiba que todas estas armas que você vê foram recolhidas após seus portadores sucumbirem diante dos seus oponentes. E muitas delas, eu recolhi após derrotá-los e reduzi-los a ovoides, aos quais recolhi e estudei, por dentro, os seus mistérios originais, aos quais agora domino e ativo naturalmente sempre que preciso deles atuando nos meus campos de ação ou junto dos mistérios guardados e sustentados pelo meu mistério.

— Quem é o senhor, realmente, mestre-armeiro?

— Sou alguém que pertence a uma das hierarquias do nosso pai e nosso senhor Ogum.

— A qual das hierarquias do nosso pai e nosso senhor Ogum o senhor pertence?

— À hierarquia regida pelo meu senhor Ogum Megê, Aprendiz Sete.

— Dê-me a sua bênção, meu senhor, meu pai e meu mestre instrutor!

Eu me ajoelhei diante ele para pedir sua bênção, e ele, após abençoar-me, deu-me um abraço forte e ordenou-me:

— Escolha uma arma entre as muitas existentes nesta sala, Aprendiz Sete!

— Sim, senhor.

Após correr os olhos por toda a sala, onde existem milhares de armas, decidi-me por uma cujo cabo ostentava um símbolo sagrado todo cravejado de coloridas e puríssimas pedras e cuja lâmina era triangulada ou com três fios cortantes, na verdade eram três lâminas equidistantes entre si, unidas a um centro roliço e em cuja ponta havia uma pedra fumê.

— Pegue-a, Aprendiz Sete!

— Posso tocar nela?

— Ela já é sua a partir de agora. Só falta você conhecer cada detalhe dela e iniciar o domínio de suas energias e do magnetismo que todo um campo de ação, guarda e amparo lhe será aberto pelo senhor do mistério que ela simboliza. Só não levante a lâmina para o alto antes de ser ungido como portador natural dela pelo nosso senhor e nosso pai Ogum de Lei, está certo?

— Ela é a arma simbólica do nosso pai e nosso senhor Ogum de Lei?

— Não foi isso que eu disse, mas sim que o senhor dela é ele, Aprendiz Sete.

— Então, devo entender que existem outras espadas manifestadoras do mistério dele, certo?

— Certíssimo, Aprendiz Sete. Esta é uma das setenta e sete espadas simbólicas que o mistério Ogum de Lei possui e cada uma identifica uma das hierarquias de guardiões regidas por ele, o nosso senhor e nosso pai Ogum de Lei, cujo nome cristalino e sagrado é este: "Iá-fer-ça-mi-iim-na-ni-a-miim-yê", que, traduzido para sua língua terrena, significa isto: Senhor Ogum guardião dos mistérios da fé do nosso pai e senhor Oxalá.

— Puxa, como é agradável instruir-me com o senhor, meu pai e meu mestre de armas!

— Ainda não sei porque, mas estou gostando de instruí-lo, Aprendiz Sete. Creio que vamos ter um ótimo aproveitamento nas nossas aulas de instrução.

— Tenho certeza de que assim será, meu pai. Gostei desta espada, sabe?

— Ótimo! Agora, recolha-se ao seu aposento e comece a dominar o mistério dela.

— Eu não tenho elementos para iniciar o estudo e o domínio do mistério desta espada simbólica, meu senhor.

— Peça a Davinah o livro que aborda essa espada. Após conhecê-la externamente, penetre no interior dela e vá dominando as energias que encontrar. E só pare quando conseguir sair de dentro dela por esse símbolo sagrado em seu cabo ou por essa pedra fumê na ponta dela.

— Qual a importância de sair dela através do seu símbolo ou de sua pedra direcionadora, meu senhor?

— Se você sair pelo símbolo, será mais um guardião da fé. E se sair pela pedra fumê, será um guardião do tempo, mas, se não sair, saiba que foi um prazer conhecê-lo, Aprendiz Sete!

Fiquei assustado com o que ele acabara de dizer-me e, após algum tempo, respondi-lhe:

— O prazer terá sido meu também, meu senhor. Até a vista, se eu conseguir sair de dentro do mistério desta espada. Com sua licença, meu pai!

— Licença concedida, meu filho Aprendiz Sete. Pode se retirar!

Fui até onde estava Davinah e pedi-lhe livros que comentassem o mistério dos fatores divinos e um que abordasse aquela espada simbólica.

— Siga-me, meu senhor, vou levá-lo à nossa biblioteca!

Quando entrei na biblioteca, emiti uma exclamação, de tão grande que ela era.

Davinah conduziu-me até uma estante dentro do enorme pavilhão e falou:

— Meu senhor, todos os livros desta estante abordam os fatores divinos. Escolha um e tire uma cópia dele para seu uso pessoal.

— Qual você me recomenda, já que há milhares de livros nesta estante.

— O senhor deve começar por este aqui, que comenta os fatores divinos de uma forma genérica. Depois deve ler este, que comenta detalhadamente os fatores básicos e mais abundantes na criação. Depois, é só ir lendo os livros específicos, tais como os que abordam fatores minerais, ou vegetais, etc. e, por fim, deve ler os que são especializados e descrevem minuciosamente um fator raro ou complexo.

— Vou começar pelos dois primeiros que você indicou-me.

— Então tire uma cópia deles, que serão seus e poderá consultá-los sempre que precisar.

— Como faço para copiá-los, Davináh?

— Não irá copiá-los e, sim, tirar para o senhor uma cópia deles! Corrigiu-me ela, mostrando-me como fazer tal coisa.

Tirei as duas cópias e mais outras três, que ela também recomendou, pois achou que eu deveria conhecer melhor o meu próprio mistério gerador e os fatores divinos responsáveis pela formação da energia que, de grau em grau da criação, desembocava na concretização do mineral, conhecido no plano terreno ou material como Selenita.

Quanto ao terceiro livro, era um pouco enorme e com umas três mil páginas que abordava os fatores minerais, desde os puros até os mais complexos. E explicou a razão das suas escolhas:

— Meu senhor, percebo que conhece pouco sobre o seu mistério gerador e a razão dele se manifestar justamente no seu sétimo sentido e, através do seu sexo, que não me sai da mente.

— Você ainda não se esqueceu dele?

— Como posso esquecer-me do que mais desejo conhecer, meu senhor?

— Não a deixo conhecê-lo agora mesmo porque tenho de estudar e não quero desviar minha atenção com o que não está ao meu alcance. Então, por que você recomendou-me estes outros dois livros?

— Bom, eu soube como o senhor dominou as energias da pedra Selenita. Mas como desconhece o mistério dos fatores divinos formadores dela, creio que deva conhecer melhor essa energia, muito temida pelos habitantes do lado negativo da vida, sabe?

— Vou procurar saber, Davináh!

— Meu senhor, vejo nesta espada em suas mãos umas pedras. Logo, é recomendável que conheça bem os fatores minerais, porque eles têm grande influência na formação dessa e de todas as pedras e nas energias irradiadas por elas quando são ativadas mentalmente pelo seu possuidor.

— Davináh, vejo que você tem um grande conhecimento das coisas.

— Tenho sim. Mas só tenho conhecimentos teóricos, já que de práticas não participo, e a prática é o ideal, se quisermos conhecer de fato algo, alguma coisa ou alguém, meu senhor. Lembre-se disso quando se lembrar de mim, está bem?

— Eu vou refletir nas suas palavras e no seu pedido. Agora me indique algum livro que aborde esta espada, está bem?

— Sim, senhor. Siga-me!

Pouco depois estávamos diante de uma estante que corria toda uma parede lateral daquele pavilhão.

— Eis aí os livros que abordam as armas simbólicas e os mistérios por trás delas, meu senhor.

— Puxa! Isto aqui tem leitura para toda uma vida, não?

— Tem leitura para muito tempo, meu senhor. Mas soube da existência de bibliotecas com muito mais livros que os que temos aqui. Elas ficam nas escolas de guardiões tripolares, meu senhor.

— Escola de guardiões tripolares, é?

— Foi isso que eu disse. Já quis ir visitar uma, mas meu pai e meu senhor não permitiu que eu fosse, sabe?

— Já estou sabendo. Quem é seu pai e senhor, Davináh?

— Ele dirige esta escola, meu senhor.

— Essa não! — exclamei preocupado.

— Por que ficou preocupado?

— Logo a filha do dirigente desta escola tinha de começar a desejar-me como realizador dos seus desejos? Assim vou encrencar-me de vez, Davináh!

— Não vejo porque se preocupar se só seremos amantes e nada mais, pois o senhor só irá realizar os meus desejos.

— Não foi isso que vi acontecer quando alguém me pediu algo semelhante, Davináh.

— O que aconteceu, meu amado e desejado senhor?

— Creio que não me é permitido revelar nada sobre isso. Mas lhe digo que, após ativar meu mistério, ele tem um poder de realização e um alcance que desconheço e que não domino, sabe?

— Só saberei quando conhecer em meu íntimo este poder, meu senhor. — Falou Davináh, colocando seu corpo ao meu, enquanto dos seus olhos começaram a correr lágrimas.

Eu nada falei ou pensei por um bom tempo. Então reagi e falei:

— Davináh, ajude-me a escolher os livros desta estante que me serão úteis, por favor.

— E quanto a mim, meu senhor?

— Aqui não posso pensar ou refletir, senão meus pensamentos serão captados por seu pai... e isso me encrencará ainda mais com ele, que já não gosta de mim. Mas lhe prometo que assim que eu realizar o que me foi determinado pelo meu mestre-armeiro e puder sair do meu aposento, sairei desta escola e refletirei até encontrar a melhor solução para a nossa situação.

— Só há uma solução, que é a de adotar-me como beneficiária do seu mistério e iniciar o meu amadurecimento.

— Deve haver uma alternativa, Davináh.

— Há só uma, meu senhor.

— Qual é ela?

— É eu deixar de resistir ao chamamento do lado oposto ao que vivo e ser arrastada para baixo, onde meus desejos não realizados serão esgotados por senhores de mistérios análogos ao seu, mas com funções opostas, sabe?

— Como é que é?

— É o que ouviu, meu senhor. Olhe-me, e veja com seus próprios olhos se conseguirei resistir por mais tempo aos chamamentos que paralisarão meus desejos não realizados por meio da dor e da desilusão para com a vida a mim reservada.

E Davináh, num ato, natural para ela, soltou sua saia, que ia até seus pés.

Nua da cintura para baixo, vi seu sexo e baixo-ventre rubros como brasa. E do meio de suas pernas descia um grosso e compacto cordão energético, tão negro quanto a caveira que eu vira na mesa do seu pai.

— Meu Deus! — exclamei aflito e assustado com o que estava vendo.

Ela estava em cima de um abismo e eu não podia omitir-me, ainda que o preço do meu auxílio a ela fosse um choque frontal com seu pai e seu senhor. E ela confirmou-me isso ao dizer-me:

— Ele não gosta do senhor só porque tem de sobra o que nele falta, sabe?

— Agora sei... e estou mais preocupado ainda.

— Meu senhor, ampare-me, senão serei puxada para o outro lado. Já não estou tendo forças para resistir aos chamamentos e ao poder de atração desta passagem para ele, aberta bem debaixo dos meus pés.

— Minha entrada em sua vida só precipitou tudo, Davináh.

— Não precipitou, meu senhor. Apenas foi colocado em minha vida para livrar-me do mesmo destino reservado a muitas das minhas irmãs, que já foram puxadas para o outro lado através da passagem sombria aberta sob seus pés quando começaram a desejar e não tiveram em quem se amparar e ninguém para intervir em favor delas. Todos temem o meu pai e senhor, e preferem recusar-me seus benefícios por temerem a reação dele.

Com isto, muitas de minhas irmãs foram sendo puxadas para o outro lado, e promissoras mães de vida sucumbiram ante o poder avassalador dos senhores do polo oposto do mistério que somos em nós mesmas.

— Meu Deus, meu Pai e meu Senhor! O que foi que confiaste a este teu filho, meu Senhor! Como reagir em uma situação dessa magnitude e complexidade, se não sei como dominar ou controlar o que em mim se manifesta?

— Ampare-me, senão começarei a ser tragada para o lado oposto do mistério que sou em mim mesma, meu quase ex-senhor e realizador dos meus desejos! — exclamou Davináh, num fio de voz.

Eu, ainda sem saber como agir, abracei-a num impulso e a apertei em meus braços e contra o meu corpo. No mesmo instante uma poderosa excitação aflorou e incendiou-me todo quando ela acomodou-se melhor e colou seu corpo abrasado no meu, todo incandescido.

No momento seguinte já estávamos dentro do meu aposento particular e abri meu centro neutro pessoal, pois, como fazê-lo, eu havia aprendido com aquela mãe da vida que eu havia adotado como beneficiária do meu mistério gerador de energias.

Davináh era puro delírio e prazer e se esfregava com ardor no objeto dos seus desejos. A sua volúpia transcendia qualquer reação parecida já vista por mim em outros contatos íntimos.

Seus olhos brilhantes revirava nas suas órbitas, assim como seus tremores e sucessivas ondas de prazer me mostravam uma fêmea tão vulnerável que, se caísse nos domínios opostos aos do seu mistério, sua primeira experiência nesse sentido, iria transformar-se numa fonte inesgotável de prazer e de geração de energias que inundariam o mistério de quem viesse a possuí-la. Então, aos poucos iria ser anulada e transformada em uma fonte viva de energias opostas e contrárias às do seu mistério original.

Contemplei-a demoradamente, até conhecer um pouco sobre o mistério que ela era em si mesma, antes de fazer algo que pudesse prejudicá-la ou desvirtuar seu mistério original e suas funções como futura mãe da vida.

Não sabia como controlar aquela volúpia que havia se apossado dela e nem como ela reagiria quando iniciasse nossa união, já que ela nunca antes havia feito nada parecido. Por fim, decidi-me e disse para mim mesmo:

— Que seja como tem de ser e que eu faça o que sinto que posso fazer. Quanto às consequências ou aos benefícios, que venham, porque me prepararei para receber o que advir!

Então, finalmente toquei no portal daquele mistério avassalado pela volúpia e pelo desejo e uma gigantesca onda de prazer foi irradiada por Davináh, que me envolveu todo e me estimulou ainda mais a prosseguir naquela direção e, quando transpus aquele portal por inteiro, não resisti mais e deixei fluir um turbilhão de energias, fato este que me extasiou dos pés à cabeça por causa do imenso prazer que comecei a sentir.

Só muito tempo depois, e após a irradiação de muitas ondas de prazer, Davináh começou a diminuir sua imensa volúpia e a dar sinais de que estava retomando sua consciência.

Mas quem estava no comando era eu, e não parei enquanto ela não adormeceu profundamente nos meus braços, toda envolta numa densa aura de satisfação e desejos realizados.

Vigiei o seu sono vibrando muito amor por ela, que encantava meus olhos e meus sentidos.

Eu sentia seu poderoso mistério todo enraizado no meu e seu forte pulsar de absorção de energias alimentadoras de todas as suas irmãs de onda viva exteriorizadas com ela.

Procurei aprender um pouco enquanto ela dormia. Expandi minha visão gradual até que alcancei o local onde elas estavam retidas e um susto alterou um pouco minha vibração, fato este que incomodou Davináh, que emitiu um gemido de dor, mesmo dormindo.

Rapidamente me reequilibrei vibratoriamente e voltei a graduar minha visão até voltar a ver o que havia me assustado.

Milhares incontáveis de enormes conchas, muito rubras e vertendo um líquido grosso e tão rubro quanto elas, haviam se ligado ao meu mistério e pulsavam forte.

Deduzi que os pulsares que eu sentia em Davináh provinham delas, que estavam descarregando em mim as enormes quantidades das energias que geraram, pois suas fontes geradoras haviam sido totalmente abertas e colocadas fora de controle mental quando elas foram puxadas para o lado oposto ao meio onde viviam.

Davináh era uma exteriorização da mãe da vida ancestral que era em si mesma um portal divino de exteriorização da vida, gerada no íntimo do Criador.

Minha visão expandida e graduada para ver aquele domínio escuro da vida me informava que eu havia me encrencado todo porque não sabia como lidar com o polo oposto de um mistério gerador da vida.

Expandi ainda mais a minha visão gradual e só parei para observar algo quando encontrei o que procurava: uma gigantesca concha negra de cujo centro corria uma energia rubra semelhante à lava de um vulcão.

Ela pulsava forte e não demorou para eu captar suas vibrações, que logo comecei a interpretar corretamente, decifrando o que me dizia com um recurso não audível, mas apenas sensível.

Ela mostrou-me a chave de acesso aos seus domínios e de como deveria usá-la para estancar aquele derrame energético interminável e generalizado.

Fazendo uso dela e do pulsar de Davináh, alcancei todas de uma só vez e, em pouco tempo, cessou o derrame energético e começou o recolhimento daqueles mistérios abertos na forma de conchas.

E aos meus olhos, começaram a se mostrar fêmeas tão encantadoras quanto Davináh, que continuava adormecida, mas pulsando intensa e fortemente.

Não sei dizer ao certo como tudo aconteceu, mas aos poucos eu as via mais perto de mim e chegou um momento em que eu podia concentrar-me em uma delas que tinha a nítida impressão de que a abraçava, ainda que Davináh é quem estivesse em meus braços. E repeti tanto aquele processo, que cheguei a um ponto, que alternava de uma para outra ao simples comando dos meus olhos e da minha mente.

Em pouco tempo todas dormiam profundamente, irradiando satisfação e prazer em todos os sentidos.

Os pulsares haviam cessado e a concha gigantesca havia deixado de verter aquela lava rubra que ativara em meu mistério a geração de uma energia que fechara suas fontes, abertas de forma incontrolável.

Comuniquei-me com ela por muito tempo e aprendi coisas irreveláveis. Também aprendi como chegar até ela a partir do meu centro-neutro pessoal e prometi ir ao seu encontro assim que Davinãh despertasse do seu merecido repouso.

Só muito tempo depois ela acordou e, ainda sonolenta, perguntou-me:

— Eu vivi um delírio ou um sonho, meu senhor?

— Como se sente, amada Davinãh?

— Sinto-me ótima. Acho que nunca antes me senti assim. O que aconteceu realmente?

— Não se mexa, mas apenas expanda sua visão gradual e verá o que aconteceu.

Ela logo começou a ver suas irmãs e começou a chorar em silêncio.

Deixei que vertesse todas as suas tristezas, mágoas e decepções, porque ela precisava de uma descarga emocional, e esse era o melhor jeito de realizá-la e de forma controlada.

Só após um longo tempo ela conseguiu dizer-me algo, e foi para agradecer-me.

Pouco depois suas irmãs começaram a despertar, todas muito sonolentas. E quando a última despertou, eu soltei Davinãh e a ajudei a se levantar e a contemplar de frente suas amadas irmãs de onda viva e de mistério.

Uma a uma, todas vieram agradecer-me e prestar reverência e promessa de eterno amor e submissão às minhas vontades.

Abracei-as todas e prometi ampará-las com meu mistério gerador de energias. Após a última delas ter sido abraçada, cobri o corpo de Davinãh com uma veste especial e o corpo de todas elas se cobriram automaticamente. Então ordenei:

— Davinãh, conduza suas irmãs pelo portal às suas costas, que darei sustentação ao seu translado.

— Está nos colocando para fora de sua vida, meu senhor?

— Não, amada Davinãh. Apenas preciso ficar a sós para assumir o lado oposto do seu mistério.

— Por que fez isso, meu senhor?

— Bom, este foi o preço a ser pago para tê-la e às tuas irmãs de volta ao lado da vida onde seus mistérios fluem natural e ordenadamente.

— O preço foi o sacrifício do seu próprio mistério e vida, meu senhor! Isso não é justo!

— Não se trata de nada disso, sabe?

— Não sei não, meu senhor.

— Ouça, agora não tenho tempo de explicar-lhe nada. Quando eu voltar conto-lhe tudo, está bem?

— Está. Mas estou preocupada porque ainda sabe muito pouco sobre esse seu mistério. Antes deveria estudar um pouco sobre os fatores divinos, porque poderá encontrar conchas geradoras de algum ou vários fatores que sejam opostos aos que você gera e irradia em suas vibrações mentais e energéticas.

— Quando eu voltar, estudarei tudo sobre esses fatores divinos. Agora, ou vou fazer o que sei que posso, ou não controlarei por muito mais tempo este pulsar na raiz humana do meu mistério gerador. Deixem-me a sós, por favor!

Davináh olhou-me rapidamente e comentou: — Puxa, nunca vi nada igual, sabe?

— Sei sim. Agora saiam! Esse brilho em seus olhos, eu já o conheço... e não tenho tempo para apagá-lo. Mas quando eu retornar, bem, aí conversaremos, certo?

— Certíssimo, meu amado senhor!

Ela volitou e levou consigo aquelas suas irmãs, todas também com os olhos muito brilhantes que, para mim, significava desejo.

A sós, recorri ao recurso ensinado a mim por aquela concha gigantesca, e, no instante seguinte, desloquei-me dentro do meu próprio centro-neutro sem movê-lo ou carregá-lo comigo, e fui ter com ela, que mais uma vez instruiu-me sobre como deveria proceder para possuir seu mistério gerador e fechá-lo nela mesma, porque só assim eu a levantaria e lhe devolveria a mobilidade e a locomoção.

Primeiro projetei uma poderosa irradiação que se ligou a todas as suas fontes geradoras externas. A seguir, projetei novo fluxo através de um portal dentro de outro maior, e enraizei-me nas suas fontes internas.

A partir daí ela comandou o processo, sempre me ensinando como agir por mim mesmo dali em diante e sempre que me visse de frente com mistérios negativos da sua magnitude.

Quando tudo terminou, eu tinha em meus braços a mais linda senhora que alguém possa imaginar.

Seu sono merecido e seu repouso desejado eram coroados com um leve sorriso nos lábios carnudos e sensuais, aos quais beijei várias vezes enquanto ela dormia, toda aninhada em meus braços. E quando acordou, bem, aí tudo foi diferente, porque eu já havia assumido o controle mental das minhas ações e, através dela, comecei a fechar o mistério gerador de suas irmãs de onda viva e de suas hereditariedades já exteriorizadas em tantas ondas vivas que até perdi a conta do número delas.

O que posso dizer é que, quando todas as conchas haviam sido fechadas e eu alternava minha visão de uma para a outra com total domínio desta minha faculdade, ela mais uma vez adormeceu em meus braços, ainda que seu pulsar não tivesse cessado, e logo começou a acelerar-se e a estimular meu mistério no sentido de gerar, gerar e gerar energias, incomodando-me pelo imenso acúmulo delas na raiz dele. E quando eu achei que ia explodir por causa do imenso acúmulo energético, ouvi uma voz envolvente e sensual ordenar-me:

— Aprendiz Sete, solte essa minha filha dos seus braços e desligue o seu mistério do dela com muita delicadeza. Após isso, venha ter comigo porque agora você está pronto para cruzar o portal externo do meu mistério, adentrando-o, e está apto a possuí-lo, porque me amoldei humanamente para que você possua-o a partir do meu espaço-neutro mais oculto, e a partir do meu íntimo.

— Para que direção devo me dirigir, minha senhora?

— Olhe à frente e verá uma névoa escura e impenetrável à sua visão humana ou natural, mas não à sua visão divina dos mistérios da criação.

— Como faço para abrir e dominar essa visão divina das coisas, minha senhora?

— Eu o ensino, Aprendiz Sete.

— São tantas as coisas que preciso aprender, sabe?

— Sei sim. E porque você foi generoso com esta minha filha amada e não se preocupou com as consequências que pudessem advir dessa sua ação, vista como temerária por quem desconhecia a real função dos mistérios geradores negativos dentro da criação divina, eu o ensinarei tanto sobre tantas coisas que, quando você sair de dentro do meu mistério, que sou eu em mim mesma, será um sábio em meio aos ignorantes tementes do lado escuro da criação.

— Que assim seja, minha senhora.

— Assim será. E todas as senhoras dos infinitos domínios do lado escuro da vida saberão que você foi o único guardião desse seu mistério gerador que ousou ostentar sua lança de poder e que ousou empunhar sua espada da vida para abrir um dos mais fechados mistérios da criação em seu polo e lado feminino negativo.

— Um dos mais fechados, é?

— É, sim. E além de ser um dos mais fechados, é um dos mais poderosos e um dos mais temidos também, sabe?

— Um dos mais poderosos e mais temidos também, é?

— É, sim.

— Então terei de ser cuidadoso ao penetrar no âmago de tão fechado mistério; terei de ser cauteloso ao possuir tão poderoso mistério e terei de ser precavido ao possuir tão temido mistério, certo?

— Errado, Aprendiz Sete! Com um mistério muito fechado, você deve ser delicado e abri-lo com delicadeza; com um mistério poderoso, você deve ser terno e possuí-lo com ternura; e com um mistério temido, você deve lidar com ele de forma tão envolvente e avassaladora que toda a temeridade dele se transformará na mais agradável e envolvente submissão, sabe?

— Já estou sabendo, minha delicada, terna, agradável, envolvente e submissa senhora. Ensina-me a usar minha visão divina das coisas porque sei que sou delicado, terno, envolvente e avassalador.

— Sim... e quero conhecer essas suas qualidades humanas e incorporá-las às minhas qualidades naturais e divinas.

O fato é que, aquela senhora da vida, que era um mistério-raiz ou mãe ancestral da vida, ensinou-me a usar minha visão divina das coisas e dos mistérios da criação e comecei a ver o invisível e a diferenciar as formas das essências contidas nelas, e vi a mais esplendorosa senhora de mistério e mãe ancestral da vida do reino mineral, que chamo de reino da "Turmalina Negra".

O seu esplendor negro encantou-me e comecei a amá-la intensamente antes mesmo de adentrar em seu centro-neutro mais oculto.

Quando fiquei frente a frente com ela, sentada em seu majestoso trono, dos meus olhos começaram a correr lágrimas.

Eu sentia que estava profanando algo sagrado e antes nunca visto por ninguém. Via uma virgem à espera do primeiro que ousara desafiar os perigos e os avisos para se afastar, e eu chegara diante do inimaginado!

Meu coração batia aceleradamente e minhas pernas tremiam. Minha voz engasgava na minha garganta e só continuei a seguir em sua direção porque ela, de braços estendidos em minha direção e com sua voz envolvente chamando-me, continuava a me atrair na sua direção.

A única coisa que destoava do meu estado geral era o meu corpo, que continuava incrivelmente vibrante e tornara-se rubiáceo. E quando fiquei a dois passos dela, ele ficou da cor de um rubi resplandecente, que projetava seus raios vermelho-vivo em toda direção, contrastando com a cor dela, que era negra-brilhante.

Ela contemplou-me demoradamente e acariciou-me com delicadeza e ternura, e quando suas mãos deslizaram sobre o rubi dos seus desejos todo resplandecente, um tremor sacudiu-a toda, e dos seus olhos cor de amêndoa também correram lágrimas em abundância.

Eu a abracei e a apertei contra meu peito, e dele explodiu um pranto dolorido e muito sentido, porque eu sabia que havia entrado em um campo divino, cujo acesso abrira-se a mim e ao meu mistério gerador de energias sustentadoras da vida.

Quando aquele meu pranto sentido arrefeceu, consegui emitir um longo e profundo gemido de resignação ante o que eu havia sido compelido a fazer e, elevando meus olhos para o alto do altíssimo, falei:

— Perdoa-me Pai, mas ainda não sei o que faço! Não sei se devo ou não devo e se posso ou não posso. Apenas sei que não devo e não posso recuar após ter transposto os portais externos deste magnífico mistério da vida mineral. E sei que não haverá retorno após eu atravessar o estreito e atraente portal de acesso ao interior dele, que é vivo e gerador de vidas. Perdoa-me, meu Pai!

O que posso dizer é que minha veste negra se diluiu e do alto desceu um facho de luz vermelho-vivo, igual à irradiada pelo meu corpo rubiáceo, e me cobriu todo, para, a seguir, recolher-se e deixar meu corpo nu coberto por uma capa que, presa aos meus ombros por correntes douradas, descia pelas minhas costas e amontoava-se em volta dos meus pés.

Em minha cintura, presa por um cinto dourado todo cravejado de enormes rubis, pendia uma espada cuja ponta tocava o solo e em cujo cabo havia um rubi redondo todo facetado. Essa espada é roliça e toda feita de turmalina negra. Ela tem setenta e sete arestas que são, de fato, setenta e sete lâminas milimétricas que correm lado a lado desde o seu cabo até a sua ponta, tornando-a única e uma obra de arte sacra esculpida por mãos divinas.

— O pai distinguiu o seu filho que o honrou e o exteriorizou! O pai está no filho e o filho é a reprodução do pai! O pai está no seu filho porque o filho é, em si mesmo, uma manifestação do pai! — falou-me aquela minha senhora da vida, abraçando-me com amor, carinho e ternura, e tudo isto sem soltar de sua mão direita o meu macho rubiáceo, cada vez mais pulsante.

A seguir, ela pegou minha mão direita e a conduziu até sua concha, toda rubra, e pediu-me:

— Sinta humanamente, com tato, ternura e delicadeza o mais fechado portal de acesso a um dos mais ocultos mistérios da vida, Aprendiz Sete! Se você souber transpô-lo como eu imagino que saiba, assumirá em minha vida o lugar até agora reservado ao seu pai, que tem me sustentado desde tempos imemoriais porque, de todos os filhos dele exteriorizados numa onda viva, você é o único que conseguiu crescer e sobreviver às maiores adversidades, enquanto amadurecia no exterior um mistério que só sobrevive no interior dos mistérios geradores. Saiba que, quando estes mistérios geradores são exteriorizados, dificilmente sobrevivem à segunda infância sem desvirtuamento ou inversão de suas funções na criação divina, sabe?

— Não sei não, minha senhora e minha instrutora. Fale-me deste meu mistério enquanto começo a conhecer este portal fechadíssimo, mas que se avolumou assim que pousei minha mão direita sobre ele.

— Ele não se avolumou, aprendiz do meu mistério. Apenas está se abrindo de forma humana para que (você), humanamente, passe por ele e alcance meu centro gerador, onde seu mistério se enraizará e substituirá a raiz divina do seu pai, que tem me sustentado até agora, enviando-me continuamente as energias fatoradas dele e que são alimentadoras desse meu centro gerador.

— De forma humana, é?

— Foi o que eu disse, guardião humano do meu mistério mineral. E quando eu sentir que a abertura se completou, adentre neste portal e humanize-me totalmente, está bem?

— A minha senhora não quer comandar essa humanização, já que ainda sou só um aprendiz desse seu magnífico mistério?

— Um Aprendiz Sete, ainda que você não saiba, traz em si um conhecimento natural de como realizar suas ações.

— Trago em mim mesmo, é?

— É sim. Eu só me limitarei a indicar o momento em que deve unir seu mistério ao meu porque não quero tirar-lhe esse prazer, e também porque antes nunca aprendi como realizar estas uniões e enraizamentos mútuos de mistérios. Mas você já realizou alguns, não?

— Realizei, sim.

— Então a iniciativa é toda sua e as reações são todas minhas, sabe?

— Já estou sabendo. E sinto que este é o instante ideal para transpor este portal e iniciar a união dos nossos mistérios geradores.

— Se você diz que é, então é sim, meu senhor.

Eu iniciei a união dos nossos mistérios geradores e senti uma sucessão de explosões reativas no íntimo dela. Mas, com delicadeza, continuei a transpor aquele estreito e virginal portal da vida, e dali em diante só colhi ondas e mais ondas do mais puro prazer que uma fêmea possa exteriorizar. E quando seus pulsares cessaram e ela repousou um pouco, falou-me:

— Aprendiz do meu mistério, chegou o momento de você conhecê-lo por meio do seu acesso posterior para, depois de enraizar-se nele também, centrá-lo no eixo maior do seu mistério gerador. Você já fez isso, senhor de um mistério tripolar?

— Já fiz sim, senhora de um mistério gerador também tripolar.

— Então, nesse campo de ação e reação, a ação contínua contigo e as reações serão todas minhas.

— Se a minha senhora e instrutora diz que tem de ser assim, então tenho certeza de que assim será.

E assim foi. E quando centrei seu mistério no eixo central do meu e comecei a enraizar-me para afixá-los bem, aos meus olhos graduais começaram a se abrir seus domínios, todos vastíssimos. E quando minha visão alcançou as bordas do plano mineral turmalino regido por ela, eu via todo um universo à minha volta num giro de trezentos e sessenta graus.

De onde eu estava podia ver tudo ao mesmo tempo ou focalizar cada um dos domínios turmalinos existentes naquele magnífico universo atemporal.

Sim, o reino "turmalino" é atemporal e nele o fenômeno do tempo inexiste. Logo, se entramos nele, tudo à nossa volta para e passamos a ser regidos pelos seus mecanismos.

Admirado com a grandeza daquele plano da vida e com a infinidade de domínios ali existentes, comentei:

— Nem em um bilhão de anos conseguirei conhecer todos esses seus domínios e os reinos regidos por sua hereditariedade, minha senhora!

— Comece a conhecê-los a partir daqui, Aprendiz Sete. Agora que centramos e enraizamos nossos mistérios, todos eles e suas regentes também foram beneficiadas e uniram seus mistérios ao seu.

— Já ouvi isso antes, minha senhora.

— Tenho certeza de que já ouviu... e beneficiou a muitas por meio de apenas uma, não?

— Foi isso mesmo.

— Sim. E estou esperando você beneficiar a todas a partir daqui e do meu mistério, que é a raiz de todas elas.

— Bom, eis uma ação realmente poderosa, minha senhora!

— Então se prepare para colher reações também poderosas, meu senhor.

O fato é que ela me ensinou a irradiar-me para todas ao mesmo tempo e sincronizar os pulsares de forma tal que em um pulsar eu irradiava e noutro eu absorvia energias. E assim procedi numa atuação que ela chamou de divina, porque envolvia toda uma dimensão mineral da vida.

Ainda que nos domínios dela inexista o fenômeno do tempo, no entanto, muito tempo se passou até que toda aquela ação e suas reações terminassem.

Acomodamo-nos confortavelmente e perguntei-lhe:

— Minha senhora, como me saí nesta minha primeira ação humana nos seus domínios naturais?

— Muito melhor do que eu esperava.

— Quanto ao seu mistério, como classifica a reação dele ao intenso uso dado nesta nossa união e enraizamento?

— Com palavras não me é possível descrever-lhe a reação dele, meu senhor e meu amado aprendiz. Mas lhe digo que o que estava fechado se abriu; o que estava oculto agora esta à mostra; o que estava contrito se descontraiu; o que estava bloqueado foi desbloqueado e o que estava passivo agora está ativo. Está satisfeito, Aprendiz Sete?

— Estou sim. E a senhora, está satisfeita?

— Muito mais do que eu esperava ficar. E por isso o amo ainda mais!

— Quando poderei voltar a visitá-la em seu centro-neutro individual?

— Quando o que agora se mostra humano aos meus olhos voltar a ficar rubiáceo e começar a gerar a energia fatorada humana que alimenta o meu mistério e extasia os meus sentidos. Está bem assim para você?

— Para mim estará se estiver para a senhora.

— Então será assim, meu senhor.

— Qual o mistério desta espada, minha amada instrutora?

— Você quer mesmo conhecer o mistério dela?

— Não só dela. Fale-me também sobre os fatores divinos, sobre...

Eu dei uma lista do que queria aprender, e era tão extensa que tive de parar meu aprendizado porque o que se mostrava humano em mim tornou-se rubiáceo várias vezes, e o que se mostrava como uma turmalina rosa fendida no meio humanizou-se outro tanto de vezes, obrigando-nos a interromper suas aulas de instrução e meu aprendizado. E quando ela ensinou-me tudo o que eu queria aprender, falou-me:

— Meu senhor e meu amado aprendiz, agora vá, senão eu adormecerei na próxima vez que nos unirmos.

— Por que teme adormecer?

— Bom, se eu adormecer, um mistério análogo e mil vezes mais poderoso que o meu irá atraí-lo e terá de repetir tudo com ela, sabe?

— Não sei, e agora não quero saber porque não me sinto preparado para algo dessa magnitude.

— Eu também acho que você ainda não está preparado. Mas quando estiver, saberá!

— Bom, vou recolher-me ao meu centro-neutro, e dele ao meu aposento. Com sua licença, minha senhora!

— Licença concedida, meu senhor, meu amado aprendiz, meu sustentador energético e guardião do meu mistério gerador e sustentador da vida. Mas volte logo, está bem?

— Voltarei sim. Ah, se voltarei!

Parti com um sorriso nos lábios e a deixei sorridente e feliz.

Mas, após retornar ao meu centro-neutro e recolhê-lo em mim mesmo, voltei à realidade da escola de guardiões. E não sabia o que me esperava, pois vi bem à minha frente o mestre-armeiro, o guardião

Saginêh, Davináh e seu temido pai, que me olhava diretamente nos olhos. Como eu ainda estava coberto pela capa vermelho-rubi e tinha na cintura a espada turmalina do meu pai e senhor Ogum dos reinos minerais, pousei minha mão direita sobre o cabo dela, à espera do pior.

— Desarme-se, Aprendiz Sete! — ordenou-me o guardião Saginêh.

— Meu senhor, eu o ouço e obedeço. Mas se eu for ofendido, não deixarei de punir quem me ofender, está certo?

— Está sim, Aprendiz Sete. Não estamos aqui para ofendê-lo, e sim para parabenizá-lo por finalmente ter agido natural e corretamente. Ouça o que tem a dizer-lhe nosso mestre-superior, está bem?

— Está sim, meu senhor. — respondi-lhe, soltando o cabo de minha espada turmalina. E o nosso mestre-superior falou-me:

— Aprendiz Sete, eu o saúdo e reverencio sua coragem e tenacidade, honrou esta escola de guardiões ao não fugir do seu dever para com nosso Criador e para com nosso senhor Ogum. Parabéns, filho do nosso Senhor!

— Não está bravo ou irado porque fiz o que fiz por Davináh?

— Muito pelo contrário. Sinto-me satisfeito e fiz questão de saudá-lo pessoalmente porque, finalmente, deixou de ocultar-se atrás do seu humanismo e o assumiu por inteiro quando optou por ampará-la e assumi-la como beneficiária do seu mistério. E isto, sem temer as consequências!

— Agora sei, meu senhor. Posso fazer uma pergunta?

— Faça-a.

— Por que me tratou com hostilidade desde que cheguei aqui?

— Você chegou aqui como um fugitivo, Aprendiz Sete. Você estava fugindo, já há tempos, dos seus deveres. Fugiu da outra escola à qual estava agregado, e que era uma escola espiritual. Também fugiu do instrutor enviado até você pelo divino guardião do plano mineral marmóreo, e isto, depois de negar seu amparo a um grupo de promissoras mães da vida confiadas a você pela senhora mãe da vida que rege aquele plano. E chegou até aqui para ser reformado ou executado segundo os ditames da lei que rege os portadores naturais de mistérios do nosso divino Criador. Só não o executei de imediato porque vi em você um vestígio natural que talvez viesse a redimi-lo diante do nosso Pai e do nosso Senhor. E não me enganei mais uma vez. — Falou ele, olhando diretamente para meu mistério, ainda rubiáceo e ativo.

— Não os incomoda por eu ser assim e manifestar este tipo de mistério?

— O que nos irritava era justamente você bloqueá-lo o tempo todo por causa da sua postura antinatural para com um dos mais raros e preciosos mistérios da vida.

— Era vergonha, meu senhor. Mas, para vocês, seres naturais, talvez seja visto como bloqueio, não é mesmo?

— Nós somos como somos, Aprendiz Sete. Portanto, seja como você é e não incomodará ninguém e não chamará contra si a ira da lei que rege os mistérios da criação.

— Saiba que tem sido difícil para eu me aceitar como sou porque vivi num meio onde alguém como eu não é visto com naturalidade.

— Está certo, Aprendiz Sete. Aceite minhas congratulações por ter, finalmente, agido segundo o seu mistério.

— Eu as aceito, meu senhor. E peço desculpa por não ter entendido nada do que todos tentavam me mostrar ou dizer. Também agradeço por ter me poupado de uma execução dolorida... e final.

— Não decepcione o seu Criador e o senhor seu pai Ogum, que você nunca será executado, está certo?

— Está sim, meu senhor.

— Como tem sido esta escola para você, Aprendiz Sete?

— Ela tem sido boa, generosa e muito instrutiva, meu senhor.

— Você tem alguma reclamação sobre nossos métodos de formação dos guardiões enviados até aqui pelo nosso senhor Ogum?

— Não, senhor.

— Ótimo! Até mais, guardião de primeiro grau e Aprendiz Sete!

— Até, meu senhor.

O fato é que só Davináh ficou no meu quarto e logo estava nos meus braços, pedindo para eu assumi-la como par ideal e como companheira de jornada.

Eu não só a assumi, como também às suas irmãs, que logo surgiram ali. E todas quiseram tornar-se beneficiárias daquela energia rubiácea. Fato este que me ajudou a esgotá-la e anular aquela alteração, ainda muito forte. Mas quem ficou da cor de rubi foram elas, mas isso é outra história.

O fato é que, quando finalmente fiquei a sós, comecei a ler os livros que havia pego na biblioteca.

No reino mineral da turmalina eu já havia aprendido sobre os fatores minerais, pois aquela minha senhora havia me ensinado sobre eles e suas funções básicas na criação. E, com o auxílio da leitura, meu entendimento sobre tão magnífico mistério aperfeiçoou-se, e pude dar início à leitura do livro que abordava aquela espada com três lâminas.

Após informar-me sobre o que haviam descrito sobre ela, dei inicio à contemplação de uma das pedras incrustadas em seu cabo.

Quando comecei a vislumbrar um reino mineral correspondente à pedra focada pela minha visão espiritual, abri minha visão gradual e comecei a expandi-la e a abarcar visualmente cada vez mais o plano da vida ali existente. E só parei de abrir graus visuais quando todo o plano estava contido dentro do meu campo visual.

Então identifiquei todas as passagens atemporais que conduziam ao seu interior e escolhi uma que me conduziria a uma corrente de água à beira de uma colina pedregosa, cujas pedras eram enormes safiras, de uma luminosidade encantadora.

Sim, eu havia focado minha visão em uma safira incrustada no cabo da espada trilaminar.

Aquela passagem atemporal me interessou justamente porque era um local aparentemente desabitado. E eu pretendia estudar o meio ambiente antes de travar contato com qualquer habitante daquele plano safirino da vida.

Antes de atravessar aquela passagem atemporal, fiz uma prece ao divino Criador e, mentalmente, pedi licença ao guardião divino daquele plano mineral safirino da vida.

Após isto feito, projetei-me e, ao sair do outro lado da passagem atemporal, eu já estava junto de uma daquelas safiras enormes.

Sem pressa, examinei-a detalhadamente e até extraí um pouco de sua energia interna, estudando-a cuidadosamente com um dos recursos de minha visão divina das coisas.

A energia extraída por mim ficara retida dentro de um campo magnético criado mentalmente por mim, e, por meio dele, estudei aquela energia e os fatores que a formavam, só a devolvendo à safira quando havia identificado todos os fatores formadores dela.

Quatorze fatores diferentes estão na energia interna da safira e, conhecendo-os, fiquei sabendo de tudo o que aquela energia mineral composta poderia realizar.

— O fator predominante na safira é o fator regenerador.
— O segundo fator é o agregador.
— O terceiro fator é o magnetizador.
— O quarto fator é o concentrador.
— O quinto fator é o paralisador.
— O sexto fator é o expansor.
— O sétimo fator é o estimulador.
— O oitavo fator é o excitador.
— O nono fator é o imantador.
— O décimo fator é o condensador.
— O décimo primeiro fator é o curador.
— O décimo segundo fator é o gerador.
— O décimo terceiro fator é o estabilizador.
— O décimo quarto fator é o renovador.

De posse destas informações sobre a composição fatoral da energia safirina, comecei a meditar sobre o meio e os seres naturais daquele reino mineral.

Com certeza, sua principal faculdade mental era a de regenerar algo que tivesse se degenerado. E a mais fraca era a de renovarem algo já superado.

Então, deduzi: eram seres conservadores, em primeiro lugar. E, pelo fato de o fator agregador ser o segundo em importância na energia mais abundante naquele plano safirino, com certeza, eram conservadores e muito unidos e amorosos.

Sim, eu havia aprendido com aquela minha senhora a ver os fatores e a estudar os seres minerais e suas personalidades a partir dos fatores formadores da energia predominante no meio onde vivem.

"Só assim, entendendo a natureza dos seres minerais a partir dos fatores que formam o meio e a energia que os sustentam, você saberá como se comportar entre eles, a entender seus modos e atitudes e, também, a não violentar suas consciências e entendimentos da criação e dos seres", havia me dito ela.

Eu ainda meditei sobre várias outras informações obtidas nos livros estudados por mim e nas que ela havia me passado. E só quando me senti bem informado, fui estudar a água cristalina que corria sobre pedras de várias cores.

Estudei tanto a água quanto todos os tipos de pedra que ali encontrei.

Anotava tudo em um "livro de observação" em que eu, pacientemente, escrevia o que identificava e também anotava minhas deduções.

A seguir, fui até umas flores antes nunca vistas por mim e realizei o mesmo estudo acurado sobre elas e a planta que as sustinha e havia gerado. E quando terminei de estudá-la, fui até outra de outra espécie e fiz o mesmo estudo.

À beira daquela correnteza, e mais abaixo de onde eu estava, vi várias árvores frutíferas. Dirigi-me até elas e comecei a estudálas cuidadosamente.

E assim, estudando e anotando tudo, segui aquela correnteza cristalina.

Preenchi vários volumes de anotações com meus estudos e observações.

E continuaria assim se aquela correnteza não desembocasse numa aprazível lagoa toda cercada de arbustos floridos e algumas árvores frutíferas.

Estudei tudo à volta dela e o que ainda observei me era desconhecido: algumas serpentes alaranjadas que ficavam deslizando no fundo daquela lagoa que, de tão cristalina que era, dava para ver seu fundo arenoso e quase branco.

Observei melhor aquelas serpentes alaranjadas e vi que a parte de baixo do corpo delas era de cor azul-turquesa.

— "Só preciso descobrir se são venenosas ou não. Mas como fazer isto?" — pensei.

— Chame uma delas e descubra se é venenosa ou não, visitante! — exclamou alguém às minhas costas. Virei a cabeça lentamente e vi um senhor já de idade avançada e com um semblante simpático, mas de olhar arguto, a sorrir-me amistosamente. Levantei-me e o cumprimentei com reverência:

— Eu o saúdo, meu senhor! Sou Aprendiz Sete, um espírito humano em uma viagem de estudo pelo plano mineral safirino!

— Muito prazer, jovem Aprendiz Sete! Seja bem-vindo ao nosso plano da vida!

— Obrigado, meu senhor.

— Quem o enviou ao nosso plano da vida, jovem Aprendiz Sete?

— Meu mestre-armeiro confiou-me um estudo amplo sobre uma das espadas do nosso senhor Ogum de Lei, e uma das pedras do cabo dela é uma safira. Optei por começar o estudo dela conhecendo por dentro o meio da vida ali representado por aquela pedra que, aos meus olhos humanos, parece ser viva, sabe?

— Sei sim, jovem Aprendiz Sete. Ela é viva e simboliza um dos reinos minerais sob a guarda e a proteção divina do nosso divino senhor Ogum de Lei.

— Então cada pedra do cabo daquela espada simboliza um dos reinos minerais sob a guarda e a proteção divina do nosso amado pai e senhor Ogum de Lei?

— Foi exatamente isso que eu disse, jovem Aprendiz Sete. Sua observação é uma redundância, não?

— É sim, meu senhor. Desculpe o meu modo humano de expressar-me, está bem?

— Está sim. Não se melindre com meu modo de corrigi-lo porque em mim é um procedimento natural.

— Sim, meu senhor.

— Bom, então quem o enviou até este plano mineral da vida foi o nosso amado pai e senhor Ogum de Lei, certo?

— Tem razão. Estudo uma de suas espadas e um dos seus domínios. Logo, é ele quem está me conduzindo neste meu aprendizado, certo?

— Mais uma vez, digo-lhe que está me repetindo.

— E eu, mais uma vez, esclareço que se assim procedo, é por causa da minha forma humana de raciocinar e exteriorizar os meus pensamentos. Releve este meu modo humano, por favor!

— Eu relevarei se você relevar meu modo natural de apontar as redundâncias do seu raciocínio humano, está bem?

— Para mim está, meu senhor.

— Então para mim também está bem. Saiba que, para nós, as redundâncias são dispensáveis e demonstram falta de agilidade no raciocínio de quem recorre a elas, Aprendiz Sete.

— Para nós, os espíritos humanos, a correção contínua das nossas redundâncias demonstram indelicadeza por parte de quem vive nos corrigindo, se já sabe como procedemos, sabe?

— Já estou sabendo, Aprendiz Sete.

— Vivendo e aprendendo, é o que sempre digo, meu senhor! Espero aprender a não ser redundante para não incomodá-lo com elas.

— E eu espero aprender a relevar suas redundâncias para não incomodá-lo com minhas corrigendas.

— Então está tudo bem de agora em diante. Só não deixe de corrigir-me, senão não me habituarei a dispensar os raciocínios e pensamentos redundantes, meu senhor.

— Não deixe de ser como você é, senão não aprenderei contigo como funciona a mente e o raciocínio dos espíritos humanos.

— Gosto do senhor!

— Também gosto de você, Aprendiz Sete. Vamos nos dar muito bem enquanto você permanecer aqui em estudo.

— Sem querer ser redundante, tenho certeza de que nos daremos muito bem.

— Agora não está sendo redundante, mas sim, confirmativo.

— Já estou sabendo. Agora, ser confirmativo é correto ou é dispensável?

— Aí depende, sabe?

— Não sei, não. Explique-me esse depende, meu senhor.

— Bom, se eu tocar nesta água e disser a você que ela é agradável, você não precisará tocá-la para confirmar porque estará sendo redundante ou estará duvidando da minha afirmação.

— Como eu deveria proceder se o senhor tocasse nesta água e dissesse que ela é agradável?

— Bom, bastaria você tocá-la e, caso a sentisse agradável ao seu tato, já teria confirmado e não precisaria reafirmar que ela é agradável, porque isso eu já saberia.

— Entendi, meu senhor.

— Como você procederia se eu fizesse isso?

— Bom, diria: "tem certeza"?, ou a tocaria também e confirmaria sua afirmação dizendo: "é sim, ela é agradável".

— Como a mente humana complica as coisas, Aprendiz Sete!

— Creio que, para a mente humana, as coisas parecem ou são complicadas, meu senhor. Mas vivemos bem sendo assim, sabe?

— Sim, ainda que não creia que mentes complicadas propiciem uma vida descomplicada. Mas releve esta minha observação, porque vivo em um plano natural da vida que é bem menos complexo que o plano humano.

— Sei desde que realizei alguns estudos sobre a composição da energia predominante nesse plano mineral da vida. Tudo o que até agora estudei obedece a composições fatorais limitadas a trinta e três fatores. E, até onde já estudei, o plano material da vida é formado por milhares de fatores, ainda que umas poucas dezenas predominem.

— Obrigado por informar-me sobre algo que eu desconhecia. Talvez isso explique seu uso constante de redundância. Fatores contrários ou contrariadores devem ser abundantes.

— São sim. Uns geram a desconfiança, outros geram a dúvida e outros geram a incerteza, etc.

— Agora tenho informações preciosas para entender a sua mente e o seu modo de raciocinar. Com certeza aprenderei como é o seu modo de agir.

— Espero não incomodá-los com meu modo de agir porque o fator especulativo é um dos fatores predominantes no meio humano.

— Isso é interessante, Aprendiz Sete.

— Há também o indagador, o questionador, o fascinador, etc.

— Fascinador? Foi isso que você disse?

— Foi sim, meu senhor. O fator...

— Aprendiz Sete, eu não estou questionando sua afirmação! Apenas pratiquei uma redundância para ver como você reagiria a ela, sabe?

Eu dei uma gargalhada gostosa e exclamei:

— Caí como um otário, meu senhor!

— O que é um otário, Aprendiz Sete?

— Um otário é alguém que se deixa enganar ou surpreender com coisas banais.

— O que significam enganar e coisas banais?

— Sem querer ser redundante, o senhor não sabe os significados de enganar e de coisas banais?

— Como você colocou-me uma pergunta, respondo-lhe que não sei o significado dessas palavras, que inexistem no nosso vocabulário.

— Coisas banais significa algo sem importância para nós, meu senhor.

— Na dimensão humana da vida existem coisas sem importância?

— Para nós, existem.

— Cite-me um exemplo, por favor. — Pediu-me aquele senhor, muito atento ao que eu dizia. Então lhe respondi:

— Bom, para nós existem coisas preciosas e outras desprovidas de valor. Estas são classificadas como coisas banais.

— Para nós, tudo é preciso e é valioso porque tudo provém da vida, que é o nosso divino Criador.

— Entendo. Agora, quanto ao significado da palavra enganar, creio explicar-lhe bem se eu disser que vou seguir para aquele lado, fazendo-o crer que seguirei naquela direção, mas tomo a direção contrária para enganá-lo. Isto é enganar, na sua forma mais simples.

— Nós não procedemos assim porque, se dissermos a alguém que vamos seguir numa direção, nós seguiremos por ela com toda a certeza. Não pensamos em fazer o contrário do que pensamos ou afirmamos que vamos fazer.

— Isso sim é que é retidão de caráter, meu senhor!

— Nós somos como somos, Aprendiz Sete. Isso é ser de caráter reto no meio humano?

— É sim, meu senhor.

— Você é de caráter reto, Aprendiz Sete?

— Ainda não sou. Mas estou me depurando, sabe?

— Já estou sabendo... que você não é um espírito totalmente confiável.

— Não foi isso que eu disse, meu senhor.

— Foi sim. Saiba que um ser, seja ele um natural ou espiritualizado, só é confiável se for de caráter reto. Para nós, quem não é reto no seu caráter não é confiável e nos incomoda com sua falta de retidão. Neste, e em todos os aspectos da nossa vida, ou se é totalmente reto ou se é incorreto. Não há um meio-termo que contemporize o certo e o errado; o justo e o injusto; o leal e o desleal; o bom e o mau; o reto e o torto; o confiável e o desconfiável, etc.

— Louvo sua retidão, meu senhor. Espero mostrar-me digno de sua confiança enquanto permanecer aqui em estudo.

— Tenha a minha amizade por enquanto, está bem?

— Por que não terei a sua confiança?

— Você a terá quando depurar seu caráter das imperfeições que o meio humano introduziu nele. Até lá, tenha só a minha amizade, está bem?

Foi com tristeza que concordei que estava bem só tendo sua amizade. E mais triste fiquei quando ele pediu-me, também triste:

— Avise-me quando crer que seu caráter tornou-se totalmente reto, pois aí, com alegria, eu lhe direi que me é totalmente confiável, está bem?

— Está sim, meu senhor.

— Então vou mostrar-lhe se estas serpentes são venenosas ou não.

— Por favor, eu preciso ficar só para refletir sobre suas últimas palavras, meu senhor.

— Por que, Aprendiz Sete?

— Ainda não sei ao certo. Mas creio que o nosso pai e nosso senhor Ogum de Lei enviou-me aqui par eu fazer um exame de consciência, ao invés de estudar este meio, que era o que acreditava ter vindo fazer.

— Saberei quando você decidir por si mesmo o que veio fazer aqui. Até lá, não me prive da sua presença porque gosto de você e o tenho como um amigo meu, mesmo que ainda não me seja totalmente confiável.

Saiba que eu acredito que logo se tornará confiável também, Aprendiz Sete. E não se entristeça com meu modo de ser, senão eu também me entristeço por não ser aceito com alegria só porque sou como sou: de caráter reto e totalmente confiável.

— Meu senhor, não estou triste pelo fato de o senhor ser como é, mas sim porque sinto que não sou como o senhor é: reto de caráter e totalmente confiável.

— Entristecer-se não alterará seu caráter.

— Mas alterará minha consciência e a depurará de algumas contradições, típicas da mente e do raciocínio humanos.

— Para você, a tristeza tem essa função?

— Não só essa, mas várias. Esta é só uma das funções da tristeza entre os humanos.

— Você está vertendo muitas lágrimas de tristeza, Aprendiz Sete.

— Estou sim, meu senhor. E elas são sinais de que detecto através de minha consciência que meu caráter não é tão reto quanto eu imaginava que fosse se comparado à média humana.

Agora que estou frente a frente com alguém de caráter realmente reto, percebo como estava enganando a mim mesmo e aos que em mim confiavam, ainda que eles também não tivessem consciência da verdadeira retidão de caráter.

Muitas vezes neguei a outros o que me sobrava; tomei o que não me fazia falta; desperdicei o que me era abundante e não dei bom uso ao que me era precioso.

Dei muita importância ao que não era precioso e depreciei o que era de suma importância para minha vida.

Tantos são os sinais de minha consciência, que até me sinto constrangido por ter vindo a um plano da vida onde sou indigno de estar.

— Não fique tão triste, Aprendiz Sete! — pediu-me aquele senhor, também vertendo lágrimas de tristeza por me ver triste.

Eu ajoelhei-me e elevei minhas mãos e meus olhos para o alto do altíssimo e clamei:

— Perdoa-me, meu Pai e meu Senhor! Perdoa-me por ter sido como sinto que fui porque eu não soube ser como deveria ser para que assim eu fosse visto, como um filho seu de caráter reto e confiável. Perdoa-me, meu Pai e meu Senhor!

A seguir, um choro forte, dolorido e muito triste brotou do meu íntimo como um clamor de perdão e de compreensão por eu ser como era: apenas um ser humano ainda em fase de aprendizado.

O que posso dizer é que chorei muito, mas muito mesmo! E tanto chorei que chegou um momento que até para chorar me faltavam forças e restavam só soluções.

Aquele senhor tentou me consolar e falou-me:

— Aprendiz Sete, creio que você já está se tornando confiável.

— Não cometa esse erro, meu senhor. É assim mesmo que os humanos procedem ao ver alguém triste, doente ou abatido. Sentem pena do infeliz sofredor e tornam-se condescendentes com seus erros, suas falhas e seus pecados, e deixam de exigir dele uma reforma íntima profunda.

Nós, os humanos, de pena em pena, de dó em dó, de contemporização em contemporização, acabamos nos habituando a agir assim e, sem que nos apercebamos, começamos a sentir pena e dó de nós mesmos e nos permitimos uma faixa de compreensão com nossos próprios erros.

E, de seres em processo evolucionista, acabamos nos tornando regressivos porque aprendemos a desculpar as mentes e os raciocínios tortuosos e não virtuosos.

— Suas lágrimas são sinceras, Aprendiz Sete. E sua compreensão de como agia consigo mesmo, tolerando em si falhas de caráter e desvios conscienciais, são sinais claros de que começou a trilhar o caminho reto. Só nos resta observar como procederá quando lhe for solicitado uma reação a uma falha, erro ou pecado, sabe?

— Sei sim, meu senhor. Afinal, como ser um verdadeiro Guardião da Lei e da Vida se meu caráter ainda não é totalmente reto e não sou totalmente confiável nem aos meus próprios olhos, não é mesmo?

— Desenvolva em si mesmo um senso do reto e do incorreto, do justo e do injusto, do bom e do mau, do certo e do errado, etc., que depurará sua consciência rapidamente.

— Vou fazer isto, meu senhor.

— Ótimo! Agora vamos descobrir se aquelas cobras são venenosas ou não?

— Como descobrir isso?

— Entre em sintonia mental com elas e use de algum dos seus recursos humanos, tais como a sensibilidade, a percepção, etc., para estabelecer uma comunicação com elas, Aprendiz Sete. Depois, é só analisá-las a partir das reações delas às suas vibrações, porque elas identificam as coisas a partir das vibrações que emanam, sabe?

— Já estou sabendo.

Aos poucos desenvolvi um meio de entrar em sintonia mental com elas e comecei a captar as sua vibrações. E mais um pouco de tempo se passou até que descobri que eram perigosas, porque reagiam com o ataque a algo que ameaçasse suas sobrevivências.

— É, já descobri que elas são venenosas, meu senhor... e que cuidado tomar caso uma queira banhar-me nesta água aprazível?

— Por que tomar cuidado se basta você comunicar a elas que também deseja entrar nessa lagoa para energizar-se todo e usufruir das agradáveis sensações que a água lhe proporciona?

— Como isto é possível, meu senhor?

— Usando a sua mente, Aprendiz Sete. Comunique a elas que você quer entrar nessa lagoa aprazível para energizar-se que elas não o atacarão, e caso não aprovem suas vibrações, então se retirarão para a margem oposta e só retornarão à água quando você sair dela.

— Tudo é tão simples assim?

— Tente e veja o que acontece. Afinal, você veio até aqui para estudar este meio, certo?

— Não tenho certeza ainda sobre o que me trouxe até aqui. Só sei que uma das razões eu já conheço. Quanto às outras, ainda estou para descobrir.

— Esta água é muito agradável de ser sentida e é regeneradora do nosso corpo energético, Aprendiz Sete. Aprenda duas coisas ao mesmo tempo: a ver como estas serpentes reagem às suas vibrações humanas e como você reage à energia regeneradora desta água safirino-cristalina.

— Está certo. Afinal, é o que sempre digo: vivendo e aprendendo!

— É assim mesmo, Aprendiz Sete: viva e aprenda a viver melhor a cada novo aprendizado virtuoso.

O fato é que comuniquei àquelas serpentes que gostaria de entrar na lagoa onde elas viviam, e como que num passe de mágica todas deslizaram para a margem oposta e ficaram a uma boa distância.

— Por que elas recuavam tanto, meu senhor?

— Bom, elas detectaram em suas vibrações o medo de ser picado por elas. Então também começaram a temê-lo por causa do medo que você vibra por elas.

— Eu trago esse medo do tempo em que vivi no plano material e tínhamos as serpentes como uma das espécies inferiores mais temidas e evitadas.

— Qual a razão desse medo humano às serpentes?

— A maioria das espécies produz um veneno mortal para as pessoas. E como não conseguimos nos comunicar assim, tão naturalmente com elas, então o medo é o melhor antídoto à reação delas quando alguém se aproxima demais de uma que seja venenosa.

— É, a falta de comunicação e de delimitação das funções de cada um na criação acabam criando reações temíveis tanto nos seres quanto nas criaturas.

— No plano material tudo é indefinido, e cada um age e reage segundo suas necessidades e conveniência, meu senhor. Somos limitadíssimos nos recursos de comunicação. E, creio eu, ainda não aprendemos como nos comunicar, mesmo com todos fazendo parte de uma mesma espécie: a humana!

— Provavelmente isso explica a formação deficiente do caráter e dos recursos dúbios a que os de sua espécie usam. São mecanismos tortos usados pelo instinto de sobrevivência.

— Provavelmente, meu senhor.

— Por que você não entra nesta lagoa e prova o poder regenerador dessa nossa água que, na verdade, é energia aquático-cristalina mineralizada?

— Vou entrar e provar seu efeito em meu corpo energético. Só estudando-a saberei tanto quanto conhecendo seu efeito regenerador.

— Faça isso, Aprendiz Sete!

Eu despi minha "batina" preta e, ao ver-me nu, ele arqueou suas sobrancelhas embranquecidas, assim como me perguntou:

— Você é mesmo um espírito humano?

— Sou, sim. Por que pergunta, se eu já havia lhe dito que era?

— Bom, já vi muitos espíritos humanos, e nunca vi nenhum como você. Não com essa maturidade ou desenvolvimento, sabe.

— Sei sim. Isto é a parte visível do meu mistério gerador.

— Entendo! — exclamou ele, fascinado com o que vira em mim.

Entrei na lagoa e, de fato, aquela água era muito agradável mesmo. E nem foi preciso eu absorver energia dela porque ela era energia pura. Meu corpo se sobrecarregou num piscar de olhos e comecei a me sentir muito bem mesmo.

Nadei de um lado para outro, mergulhei e fui até o fundo dela, tocando-o com as mãos para sentir a textura daquela areia branca.

Quando saí e sentei-me na margem, vi me cintilando todo. E ao redor do meu corpo havia uma densa camada de micropartículas luminosas e multicoloridas que o empregnaram.

— Por que isso, meu senhor? — perguntei, curioso.

— Não sei. É a primeira vez que vejo isto acontecer ou ver alguém como você, sabe?

— Não sei não. Como vocês são, meu senhor?

— Bom, somos parecidos com você, mas não tão desenvolvidos. Vou mostrar-me, está bem?

— Está, sim.

Ele se despiu e pude comprovar que, realmente, seu sexo era minúsculo. Infantil mesmo. E ele explicou-me que todos os seres machos daquele plano mineral eram assim, pouco desenvolvidos nesse aspecto. Quanto aos seres fêmeas, ele, ao invés de dizer-me como eram, apontou algumas que se aproximavam e disse:

— Confirme você mesmo, meu senhor.

O fato de ele chamar-me de senhor indicou-me que havia mudado seu conceito sobre mim. Então falei:

— Vou cobrir meu corpo porque não quero incomodar ninguém com o meu modo de ser.

— Você viu o que está acontecendo com o seu sexo?

— Não vi nada além dessa grossa camada de partículas multicoloridas.

— Olhe melhor e verá que ele está projetando ondas energéticas em todas as direções, meu senhor.

Eu olhei melhor e vi que realmente isto estava acontecendo.

— Por que isto agora, meu senhor?

— Seu mistério está assumindo o sétimo sentido de todas as fêmeas desse plano da vida, meu senhor... renovador da vida.

— Esse meu mistério tem essa capacidade?

— Tem sim, meu senhor.

— Bom, assim mesmo vou cobrir meu corpo porque não quero chamar a atenção de ninguém, e peço ao senhor que guarde silêncio sobre o que acabou de ver, está bem?

— Está bem. Mas primeiro não acho correto ocultar um mistério que tem nos faltado, sabe?

— Sei sim. Mas prefiro conhecer vosso modo de vida e a forma como se relacionam e todos os seus aspectos, antes de qualquer iniciativa nesse sentido, compreende?

— Eu compreendo, meu senhor.

— E tem mais uma coisa: continue a tratar-me como antes de saber deste meu mistério, certo?

— Isso agora me é impossível, meu senhor. O que vi indicou-me claramente que tenho na minha frente o senhor de um mistério muito poderoso e muito necessário ao nosso plano da vida. E ouso afirmar que sua vinda até nós visa a suprir essa nossa carência geracionista.

— Quando eu tiver certeza de que esta é a razão, ou uma das, que me trouxe até aqui, então verei como proceder.

— Esta sua veste ocultou tudo, meu senhor. Até os cordões energéticos tornaram-se invisíveis.

— Assim é melhor. Primeiro quero conhecer a vida e o seu modo de fluir neste plano mineral safirino.

— Então, que prevaleça a sua vontade, meu senhor... Aprendiz Sete.

Não falamos mais porque um grupo de seres aproximou-se de onde estávamos e saudou cordialmente aquele senhor:

— Amado senhor, que prazer em encontrá-lo aqui!

— O prazer é todo meu, amados filhos e filhas do Nosso Senhor. Conheçam o nosso irmão humano e senhor Aprendiz Sete. Ele veio até nosso meio em missão de estudo e aprendizado, sabem?

— Já estamos sabendo, amado mestre e senhor. — Responderam aqueles seres machos e fêmeas safirinos, como se formassem um coro. E, olhando-me, disseram: — Muito prazer em tê-lo conosco, irmão humano senhor Aprendiz Sete!

— O prazer é todo meu, irmãos safirinos.

— Está apreciando nosso plano da vida, senhor Aprendiz Sete?

— Acabei de chegar aqui, mas estou apreciando muito, sim. Obrigado pela acolhida amistosa!

— Nós vamos nos energizar. Deseja entrar na água conosco?

— Eu já me energizei. Obrigado!

Aquele senhor, que não havia coberto o seu corpo, falou:

— Ia entrar na água. Agora terei companhia e será mais agradável minha regeneração energética!

Eu limitei-me a observar e a aprender. E me admirei com as formas curvilíneas das fêmeas, todas maduras e muito desenvolvidas. Talvez as mais desenvolvidas já vistas por mim até então.

Mantive-me impassível, mas em observação contínua, pois ali estava um fenômeno a ser entendido.

Todos entraram na lagoa, inclusive as serpentes, que haviam permanecido fora dela desde que eu entrara.

Quando se energizaram e saíram da lagoa, convidaram-me a acompanhá-los até um local próximo dali onde havia um pomar muito especial, segundo um daqueles seres safirinos.

O mais interessante é que não tornaram a cobrir seus corpos, agora reluzentes e tomados de uma intensa excitação energética.

Já no pomar, foram direto a uma árvore frutífera enorme e colheram um fruto um pouco maior que uma maçã, e cada um daqueles seres comeu um pedaço dela.

O meu instrutor explicou-me que aquela fruta tinha o poder de excitá-los para que pudessem se unir por meio do sexo e até ofereceu-me uma mordida na tal fruta.

Recusei e preferi não provar mais nada dali em diante. Já havia me bastado aquela água, que era energia pura.

Pouco depois, admirado, vi os sexos daqueles seres crescerem e avantajarem-se e as fendas delas começaram a ficar rubras, muito rubras e latejantes.

Observei o modo de eles se relacionarem e obterem um pouco de prazer, porque logo os machos ficaram flácidos e recolheram-se aos seus tamanhos minúsculos.

Outro fato visto ali interessou e deixou-me curioso. Mas preferi saber sobre ele quando estivesse a sós com meu instrutor, que também havia se unido a uma fêmea safirina, e foi o único que permaneceu mais tempo unido à sua companheira, levando-a a sucessivos êxtases e atraindo a atenção dos outros pares, já separados e a observá-lo com admiração.

A companheira dele foi a que ficou mais satisfeita, pareceu-me, pois as fendas das outras continuavam rubras e latejantes, causando-me um certo incômodo por vê-las daquele jeito.

Depois voltaram à lagoa e tornaram a entrar nela para se energizarem ou descarregarem-se, no caso das fêmeas, porque, quando saíram da água, aquele rubor havia desaparecido e voltavam às suas cores pálidas e pouco atraentes aos meus olhos humanos.

Algum tempo depois o grupo de seres safirinos se retirou e tornei a ficar a sós com meu instrutor, que me perguntou:

— Meu senhor, já se instruiu sobre o nosso modo de nos relacionarmos?

— Já. Mas, por que vocês precisam comer aquela fruta para ficarem excitados?

— Nosso plano da vida não é saturado por alguns fatores vitais para esta função. Então recorremos aos frutos porque eles têm esta propriedade.

— Entendo. E, pelo que vi, o senhor absorveu mais da propriedade dele, certo?

— Errado, meu senhor. Eu já comecei a me beneficiar desse seu mistério gerador, que me forneceu a capacidade de permanecer excitado por mais tempo. Esse seu mistério é muito poderoso, sabe?

— Sei, sim.

— Ajude-nos com seu mistério. Nós temos estado impotentes já há muito tempo e isso tem nos incomodado demais.

— Não será irradiando um pouco de energias aos machos daqui que será solucionado o seu problema. Tenho de encontrar a causa para saná-lo.

— Como irá encontrar a causa se os nossos maiores sábios não a descobriram?

— Ainda não sei como encontrá-la. Mas vou estudar mais um pouco seus usos e costumes que, com certeza, acabarei encontrando-a.

— Faça isso por nós, meu senhor.

— Onde vocês moram, já que não vi cidades ou qualquer tipo de abrigo neste plano mineral safirino?

— Nós vivemos dentro das pedras.

— Não sabia. Vi muitos seres quando visualizei este plano. Mas não vi uma única morada.

— Este plano da vida tem dois lados. Um é externo e é este que o senhor já conhece parcialmente. O outro, só entrando nas pedras-moradas para conhecê-lo, pois é interno.

— Entendo. Vamos caminhar um pouco para eu poder conhecer melhor o lado externo do vosso plano mineral safirino, meu senhor?

— Se é isso que o senhor quer fazer, então vamos. Mas não posso me afastar muito da água porque tenho de me reenergizar periodicamente ou fico muito fraco e não consigo retornar ao local onde vivo.

— Tudo bem. Vamos?

Nós caminhamos por muito tempo e ele, de tempo em tempo, entrava na água para reenergizar-se todo, quando readquiria forças para continuar. Por fim, chegamos a um lugar muito bonito e bastante agradável.

Ali havia jardins muito floridos, cascatas e mais cascatas por todos os lados, e também muitas daquelas árvores frutíferas peculiares, já que havia frutos que eu nunca vira ou imaginara que pudessem existir.

A primeira coisa que meu guia-instrutor fez foi entrar na lagoa ao pé de uma cascata para reenergizar-se todo. Avisei-o de que iria dar uma volta e conhecer melhor o lugar e aqueles seres safirinos.

Embrenhei-me por entre árvores frutíferas e cheguei a um local onde havia um imenso lago, e suas margens tomadas por seres safirinos que entravam e saíam dela o tempo todo.

Lembrei-me das praias turísticas do plano material e sorri com tal comparação.

Sentei-me junto de uma árvore frondosa e fiquei a observar como agiam aqueles seres cujos comportamentos me surpreendiam a cada nova revelação.

Vi jovens mocinhas ardendo de desejo, e sem alguém para formar par com elas. E suas fendas rubras me indicavam que algo ali não estava certo. Também vi moças formadas acasalarem-se com vários machos seguidamente, e continuarem insatisfeitas, até que entravam na água e diluíam seus desejos abrasadores.

Muitas chegavam a oferecer-me o tal fruto excitador, mas recusei com a desculpa de que era só um visitante.

Quando achei que havia visto tudo, eis que bem perto de onde eu estava abriu-se uma passagem negativa e por ela começaram a subir seres que pareciam feitos de pedra negra, que se atiraram sobre as fêmeas próximas copulando furiosamente com elas.

Eles eram um pouco mais altos que eu. E possuíam sexos grossos e longos, de quase meio metro de comprimento, todos muitos excitados e de comportamento brutal para com aquelas fêmeas delicadas.

Elas gritavam de dor e de medo. E quando um daqueles brutamontes pulou sobre uma menina para violentá-la, agarrei-o pelo pescoço e esmurrei com toda força sua mandíbula proeminente, jogando-o longe.

Eram centenas, talvez milhares daqueles seres possuídos pela fúria do sexo a se lançarem sobre as fêmeas safirinas, possuindo-as com brutalidade.

Pensei em sacar uma de minhas espadas e dar um fim rápido àquele horror, mas temi estar sendo precipitado, já que não sabia porque aquilo ocontecia.

Vi ao longe o meu guia-instrutor. Fui até ele e perguntei:

— Meu senhor, o que está acontecendo aqui?

— São os de baixo que subiram mais uma vez, meu senhor.

— Por que eles sobem?

— O desejo não realizado vai se condensando e abre esses portais, por onde eles sobem e possuem todas as nossas companheiras insatisfeitas.

— Então há uma razão para que isso aconteça: a condensação de desejos cria a estática necessária para a abertura dessas passagens dimensionais.

— A razão dessas passagens se abrirem é essa. Mas a causa da insatisfação de nossas companheiras é a impotência, meu senhor.

— Quando isso começou realmente, meu senhor?

— Bom, não sei se posso confiar no senhor, já que se recusa a nos ajudar.

— Ouça, só posso ajudá-los se for coletivamente. E só conseguirei isso se me revelar quando e por que tudo isto começou, entende?

— Sim, eu entendo. Mas o senhor não disse se se tornou confiável.

— Se eu disser que me tornei confiável, o senhor me revelará o que preciso saber?

— Não. Mas aí poderei levá-lo ao nosso conselho maior e eles decidirão se devem revelar-lhe o que precisa saber para nos ajudar coletivamente.

— Então, afirmo-lhe que me sinto totalmente confiável ao senhor. Está bem assim?

— Para mim está.

— Então me leve ao seu conselho maior, por favor. Já não aguento ouvir mais esses gritos de dor e pavor, meu senhor.

— Os gritos só cessarão quando esses seres saciarem em nossas companheiras seus desejos. E isso leva tempo, porque o que nos falta, neles há em excesso.

— Já vi isso, meu senhor. E estou chocado com o que vi. Isso é desumano!

Como aquele meu guia-instrutor estava estático e impotente e não conseguia se mover, assisti àquele horror por um bom tempo antes que aqueles seres desumanos se satisfizessem e voltassem aos seus lugares de origem.

Resolvi cobrir minha cabeça com o capuz e volitar também por aquela passagem a fim de descobrir o que acontecia no outro lado daquela dimensão mineral da vida.

Saí logo em uma região de aparência sepulcral e coalhada de espíritos iguais aos que eu seguira. Todos estavam possuídos por uma excitação extrema e olhavam para cima à espera da abertura de outra passagem dimensional para o plano safirino.

Também olhei para o alto e vi o que eles viam: outro local aprazível onde acontecia algo semelhante ao que eu assistira pouco tempo atrás: pares de seres safirinos tentavam se satisfazer, sem nada conseguirem. E suas insatisfações iam criando a passagem, que logo se abriu e eles subiram como aves de rapina famintas, e novo horror sexual eu assisti, impotente porque não atinava com a causa daquilo acontecer entre dois planos distintos entre si, ainda que fossem paralelos na horizontal.

Caminhei por aquele novo plano da vida e só parei quando deparei com um vórtice energético que irradiava para toda a região uma energia escura e densa, que ia se espalhando através das correntes eletromagnéticas transportadoras delas e de todas as outras ali circulantes.

Após analisá-la, deduzi que era estimuladora do desejo sexual e seria uma das causadoras daquela incrível excitação naquele seres.

Meditei muito e concluí que ali mesmo deveria estar uma das respostas ao que eu procurava.

Sentei-me confortavelmente e abri minha visão gradual para ver se conseguia visualizar alguma outra coisa que me fornecesse um ponto de partida para uma ação abrangente.

A cada grau que eu abria em minha visão, estudava tudo o que começava a visualizar. E chegou um momento em que alcancei o décimo primeiro grau dela e fiquei horrorizado: milhões de fêmeas, esbeltas, longilíneas e tão negras quanto aqueles seres que ali viviam, estavam caídas no solo escuro e com as pernas escancaradas, como se estivessem copulando com alguém.

Mas o que eu via eram grossos feixes de ondas energéticas enraizadas no centro gerador de energias sexuais delas.

Suas fendas, inchadas ao extremo, estavam alimentando um ser enorme assentado em um trono todo raiado, cujos raios longos como gigantescas lanças eram pontiagudos e soltavam uma energia semelhante a uma fumaça preta.

O ser sentado naquele trono me pareceu uma besta desumana, e mais espantado fiquei quando, contemplando-o detalhadamente, vi como era o seu sexo: era enorme e de uns dois metros de comprimento, ereto e excitado ao máximo, era secundado por outros sete, mais finos, que saíam da base, ou melhor, do pé daquele central, e projetavam-se para a frente, também muito excitados.

Daquele sexo sétuplo, que me pareceu um mistério fora de controle, é que saiam os feixes de ondas que haviam se enraizado no sexo daquelas fêmeas naturais, tornadas alimentadoras das necessidades energéticas daquele ser gigantesco e descomunal.

Recorri à minha visão divina e o estudei detalhadamente, até que o classifiquei como um ser pertencente a outra realidade e a outro universo, inferior ao que o nosso planeta Terra pertencia.

Ampliei minha visão gradual e localizei muitos outros seres como aquele, todos subjugando milhões de seres fêmeas naturais daquele reino mineral cujo solo parecia feito de ônix preto.

A causa do que ali ocorria, eu havia descoberto. Mas ainda precisava descobrir a causa da desvitalização do reino safirino, que ficava na primeira paralela acima.

Centrei minha visão no sexo sétuplo de um daqueles seres e, com o recurso de minha visão divina, segui um grosso cordão energético que subia e atravessava aquele plano e penetrava no safirino, indo enraizar-se no mistério gerador de senhoras mães da vida safirina, drenando verticalmente toda a energia gerada por elas.

Então desloquei minha visão e a centrei numa daquelas senhoras visualizadas por mim, e comecei a estudá-la para encontrar a causa do desequilíbrio que eu já conhecia.

Aos poucos, todo um processo inversor de troca de energias foi sendo visualizado por mim, que anotava tudo e detalhadamente.

O que vi e anotei, consistia nisto:

Aquele ser, possuidor de um mistério incrivelmente poderoso, enviara um grosso feixe de ondas pelo portal de acesso por baixo do mistério gerador dela e ele havia se enraizado de tal forma que, a partir das ligações dela com suas filhas safirinas, enraizara-se em todas elas e descarregava tanto na fenda mãe quanto nas fendas filhas uma energia fatoral excitadora das suas fontes geradoras de energias sexuais, que ele drenava através daquele feixe de ondas energéticas com dupla função: a de descarregar nelas a energia que ele gerava e a de absorver toda a energia que elas geravam.

Por isso eu vira como eram sem vida as fendas safirinas observadas quando estava com aquele meu guia-instrutor safirino.

Centrei minha visão na fenda de uma fêmea safirina e fiquei observando-a até que ela foi copular com um macho de sua espécie.

Seguia tudo com atenção total e vi quando ele, muito excitado, possuiu sua companheira e começou a absorver a energia derramada dentro do centro gerador dela por aquele ser descomunal.

A energia dele anulava a sexualidade, o vigor e a potência daqueles seres safirinos, desestimulando-os e bloqueando suas fontes geradoras de energias, localizadas em suas gônadas, que cada vez mais ficavam menores.

Observei aquele processo cuidadosamente até comprovar que ele se repetia com todas as ligadas indiretamente àquele ser medonho e descomunal, e que possuía uma voracidade energética impressionante.

Mas o que mais me impressionou foi o que vi quando abri ainda mais a minha visão gradual e me deparei com milhares de senhoras mães da vida do reino mineral do ônix e as vi sendo esgotadas através das suas fendas filhas, todas ligadas aos sexos daqueles seres, que eram sétuplos e naturalmente descomunais.

Então pensei: "Já sei como funciona este processo inversor dos mecanismos de sustentação da vida nestes planos minerais, subjugados por uma espécie de seres que não são de origem mineral. Agora preciso descobrir quem são e como desativar este mistério deles, fora do controle mental dos mesmos e dos mistérios que estes planos minerais são em si mesmo!".

Eu pensei em voltar até a escola de guardiões e informar-me sobre aqueles sexos sétuplos, mas lembrei-me de algo dito a mim por aquela senhora da vida do reino mineral da turmalina. Ela me dissera: "Meu senhor e aprendiz dos mistérios da vida, lembre-se sempre de que a solução de um desequilíbrio colocado pela lei a você está em você mesmo e no seu mistério gerador. Se nunca se esquecer disso, nunca cairá frente à magnitude de um desequilíbrio ou do seu oposto desencadeador dele, certo?"

Por fim, decidi-me aproximar-me de um daqueles seres medonhos e descomunais assentados naquele plano mineral da vida para estudar a razão de eles estarem ali e de serem como eram: de sexos sétuplos!

Aproximei-me cauteloso e com todos os meus mecanismos sensoriais à flor da pele e com todas as minhas defesas ativadas para não ser pego de surpresa ou ser subjugado justo no meu primeiro encontro com um adversário ou oposto.

Logo atraí a atenção do ser escolhido por mim, que voltou seus olhos rubros na minha direção e, mentalmente, perguntou-me:

— Quem é você, que ousa entrar em meu domínio e incomodar-me com sua presença?

— Eu sou um espírito humano e acho que estou perdido neste lugar desagradável, meu senhor.

— Um espírito humano, é?

— Sou sim, meu senhor.

— Tenho contas a acertar com os espíritos humanos, invasor do meu domínio.

— Então vá acertá-las com quem as deve, porque eu sinto que não lhe devo nada, meu senhor.

— Você é um ex-padre, espírito humano?

— Sou sim, meu senhor.

— O que está fazendo aqui, nesta dimensão mineral sem luz?

— Acho que a Lei me enviou até ela, sabe?

— Se você acha, saiba que eu tenho certeza de que você foi aprisionado aqui pela Lei, espírito humano caído e degenerado?

— Se o senhor tem certeza de que foi a Lei, então acredito que vim por causa dela.

— Você deve ser mais um dos que realizam missas negras regadas a sangue e orgias, certo?

— Errado, meu senhor. Outras causas me enviaram até aqui.

— Você foi um daqueles sacerdotes que se serviram do sacerdócio para locupletarem-se a partir do sofrimento dos membros do seu rebanho?

— Talvez tenha sido isso, talvez não. Mas não falemos de mim porque já me conheço parcialmente e prefiro ouvi-lo e conhecê-lo melhor, assim como a esse seu admirável mistério, meu senhor. Estou muito curioso sobre ele, já que o desconheço.

— Já estou sabendo, padre caído. O preço para conhecê-lo é tornar-se manifestador dele, espírito humano caído.

— O senhor tornou-se manifestador ou já é assim desde sua origem?

— Eu sou um manifestador natural dele. Mas espíritos humanos caídos pelo sexo desvirtuado estão o tempo todo se tornando seus manifestadores, sabe?

— Não sei não, meu senhor. Como isso acontece?

— Bom, o magnetismo mental sétuplo dos espíritos humanos é centralizador e unificador dos mistérios que trazem em si. E, se invertermos esse magnetismo mental nas faculdades associadas à sexualidade, abrem na raiz dos seus machos esse macho sétuplo.

— Já estou sabendo... e estou curioso em ver como acontece essa abertura dos sexos sétuplos, meu senhor.

— Você está disposto a servir a esse mistério da criação e ao seu senhor manifestador?

— Estou sim, meu senhor. Quero servir muito a este mistério e ao senhor dele.

— Então vou enviá-lo aos domínios ocultos do meu senhor, onde esse mistério é aberto naturalmente, sabe?

— Ainda não sei, meu senhor.

— Logo você saberá, padre caído! Há, há, há...

— Estou ansioso para ver como isto acontece.

— Tenho certeza de que está. Posso captar essa sua ansiedade através das ondas irradiadas pelos seus olhos. Por isso, vou enviá-lo aos domínios do meu senhor. Prepare-se para sua iniciação, padre caído! Há, há, há...

E ele irradiou com as mãos uma espiral negra que me envolveu todo e me transportou para outra dimensão da vida, que eu nem imaginava como seria.

Mas logo fiquei sabendo porque me vi em um local assustador.

Eu vi tantos seres com aqueles sexos sétuplos que fiquei impressionado. Mas eles estavam em estado de repouso e não eram seres gigantes e com sexos descomunais, mas eram, sim, normais e se comportavam de forma natural.

Andei de um lado para outro, atento a tudo e observando o comportamento daqueles seres diferentes de mim em vários aspectos: eram de pele lisa e desprovidos de cabelos ou pelos. Tinham as orelhas pontiagudas e os dedos das mãos e dos pés mais compridos que os dos espíritos humanos.

Seus sexos eram do comprimento do meu e eram desprovidos de gônadas. Eles eram de cor cinzenta.

Observei tudo por ali e continuei a caminhar à procura de mais informações sobre aquela dimensão da vida. E logo cheguei a um local que era habitado por seres femininos muito parecidos com os machos em alguns aspectos, mas com formas femininas acentuadíssimas e, para espanto meu, possuíam uma fenda central e outras sete ao redor dela, numa distribuição anatômica única e inimaginada por minha criatividade humana.

Uma região púbica avantajada e uma abertura maior entre os membros inferiores para acomodar aquelas sete fendas ao redor da central, que era maior e a única que se mostrava meio dilatada ou intumescida, sei lá!

Acomodei-me confortavelmente num local discreto e abri minha visão gradual para observar o que me interessava. Só muito tempo depois algo interessante aconteceu, pois uma daquelas fêmeas excitou-se e dirigiu-se até onde um daqueles seres estava... e começou a cortejá-lo ao modo deles até que ele se excitou também e uniu seu macho sétuplo à fenda sétupla dela, realizando um ato classificado como normal e até muito conservador por mim, que havia visto o comportamento dos seres do plano da vida mineral do ônix.

Ainda assisti a muitas outras uniões entre seres daquele plano não vi nada excepcional ou que fugisse à regra nos relacionamentos entre seres de uma mesma espécie. Já ia retirar-me daquela dimensão da vida quando surgiu à minha frente uma fêmea que me impressionou muito.

Seu porte altivo, majestoso mesmo, realçado pela longa capa cinzenta que cobria suas costas e pela magnífica espada pendurada em sua cintura fina acima de largos quadris deixaram-me admirado e sem palavras. Então, após me observar bem, perguntou-me:

— Já viu tudo o que queria ver, guardião Aprendiz Sete?

— A senhora sabe quem eu sou?

— Você não respondeu à minha pergunta, guardião Aprendiz Sete.

— Eu respondo, minha senhora. Vi o que precisava ver, mas isso não me ajudou muito, sabe?

— A resposta à sua busca não está nesta nossa dimensão natural da vida, que é a décima nona dimensão vertical à esquerda da dimensão humana da vida, que também é uma dimensão vertical e dividida em planos evolutivos horizontais.

— A senhora conhece a dimensão humana da vida?

— Conheço sim. E atuo nela regida pela senhora Yemanjá através de um dos mistérios do Trono dos Desejos, mistério este que você conheceu pelo nome de "Pombajira Rainha das Sete Conchas".

— Só conheci o mistério "Cabocla Sete Conchas", minha senhora.

— Nós, enquanto Pombagiras Sete Conchas, polarizamos com elas e formamos o polo esquerdo desta linha de trabalhos espirituais e magísticos, sabe?

— Já estou sabendo, minha senhora. As "Sete Conchas" do seu nome simbólico referem-se às suas...

— Referem-se sim, guardião Aprendiz Sete. Também polarizamos com a linha de trabalhos espirituais e magísticos conhecida por você como linha dos Exus Sete Pontas, que não são Exus naturais, formada por seres machos naturais dessa dimensão, mas que atuam sob a irradiação de um dos mistérios do Trono da Vitalidade.

— Sete Pontas, é?

— Foi o que eu disse, guardião Aprendiz Sete.

— A senhora pode me ajudar na solução do desequilíbrio, confiada ao meu mistério?

— A minha senhora o aguarda, guardião Aprendiz Sete. Sigame! — ordenou-me aquela majestosa guardiã.

Eu a segui e, no instante seguinte, estávamos diante de um majestoso Trono todo raiado e rubro como brasa viva.

A tudo eu via sem olhar para nada, pois estava curvado e com os olhos voltados para o solo. Mas, se via a tudo era porque usava minha visão divina das coisas. E logo uma voz suave e sensual ordenou-me:

— Levante-se, guardião Aprendiz Sete.

Eu me levantei mas mantive meus olhos voltados para o solo, também rubro como brasa viva.

— Olhe para mim, guardião Aprendiz Sete.

— Minha senhora, prefiro ouvi-la sem profanar o seu mistério com meus olhos humanos.

— Você teme a reação à visão do meu mistério?

— Temo sim, minha senhora.

— Onde está sua fibra e resistência, que o distingue como Guardião da Lei e da Vida?

— Não vim até aqui para colocar à prova minha fibra ou resistência, mas para encontrar a melhor solução para um desequilíbrio gigantesco nos domínios do meu senhor e meu pai Ogum dos Minerais. Além do mais, nesse sentido não sou resistente a certas vibrações que ativam meu mistério. Portanto, que fique entendido à senhora que não vim até aqui ser posto à prova ou para provar nada, mas para encontrar uma explicação e descobrir como proceder para resolver um desequilíbrio energético em planos da vida mineral.

— Está certo, guardião Aprendiz Sete. Eu não vou excitá-lo e colocá-lo à prova.

— Isso nem é preciso, minha senhora!

— Por que não?

— Bom, só de saber como é com uma, imagine como não deve ser com sete. Já é um estímulo muito grande.

— Também imagino que seja muito estimulante... para você, guardião Aprendiz Sete.

— Bom, acho que estamos nos desviando do assunto que me conduziu até aqui, minha senhora.

— Não estamos, não.

— Onde está o ponto em comum entre o assunto e o nosso diálogo estimulante, minha senhora?

— O ponto em comum são estas sete fendas e o estímulo que são em si mesmas aos machos humanos.

— Ainda não entendi a ligação, sabe?

— É esse seu modo humano de raciocinar. Ele é muito lento e pouco perspicaz.

— É sim. Já me disseram isto, ou que sou redundante, etc... etc. Portanto, seja menos enigmática, por favor.

— Está certo. Mas você precisa entender que meu raciocínio, se é perspicaz, no entanto, é muito sinuoso.

— Sinuoso, é?

— É sim.

— Bom, vou procurar raciocinar em cima da sinuosidade do que ouvir da senhora. Continue, por favor!

— Você é um guardião novo, não?

— Sou, sim.

— Guardiões novos e pouco perspicazes não costumam durar muito nos seus graus recém-conquistados, sabe?

— Não sei, não... e não pretendo saber disso, minha senhora.

— Melhor para você, guardião Aprendiz Sete. Mas lhe digo que guardiões novos costumam se exceder nas suas atribuições e caem diante dos seus opostos, muito mais bem-preparados, perspicazes e temíveis.

— Até agora não tive de travar nenhum combate com meus opostos.

— Como você soluciona seus casos?

— Bom, aí já é uma questão de mistério.

— Quem sabe você queira comentar essa questão de mistério, não?

— Prefiro ouvi-la a fazer comentários.

— Minha sinuosidade não o incomoda?

— Só um pouco. Mas logo me adaptarei a ela, minha senhora.

— Você se adaptará a ela?

— Eu sou muito adaptável por causa da minha natureza e forma humana de atuar com os mistérios naturais.

— Folgo em saber dessa sua adaptabilidade e já me sinto mais descontraída quanto ao meu modo sinuoso de comunicar-me com um jovem guardião humano de mistérios naturais.

— Eu já me descontraí também, minha senhora e senhora de um mistério natural.

— Você se descontraiu totalmente ou só parcialmente?

— Só parcialmente. Mas quanto mais a ouço, mais descontraído me sinto. Se bem que esta minha descontração talvez não me leve à raiz do problema que tenho de resolver.

— Saiba que acredito que, só se você estiver bem descontraído, conseguirá resolver esse enorme problema que o está incomodando já há tempo, ainda que você não tenha percebido a magnitude dele.

— Enorme problema, e que só será solucionado comigo bem descontraído, é?

— Foi o que eu disse, guardião Aprendiz Sete.

— Como posso descontrair-me totalmente se agora fiquei preocupado com a magnitude desse enorme problema?

— Creio que você só se descontrairá totalmente com um problema enorme se antes aprender como solucionar problemas menores e adaptar-se totalmente à sinuosidade deles, que são facilmente controláveis a partir do eixo central dos seus mistérios.

— Entendo. O segredo de tudo está na manutenção do controle do eixo central, certo?

— Saiba que, em verdade, o eixo central é o alimentador desses mistérios, enquanto os eixos são os absorvedores do que eles geram.

— Interessante, minha senhora.

— Também acho, guardião Aprendiz Sete. Saiba que eixos centrais mal alimentadores costumam não receber as energias necessárias através dos eixos periféricos e desvirtuam suas funções.

— E quanto aos encaixes naturais do eixo central e dos periféricos, o que a minha senhora tem a dizer-me?

— Bom, se são bem alimentados, retribuem alimentando seus alimentares. Mas se não são, aí também não só não retribuem como começam a subtrair as dos seus alimentadores ou procuram outros que possam alimentá-las, ainda que o preço seja perder suas funções básicas e suas atribuições naturais de mistérios geradores de energias fatorais regeneradoras da vida no meio onde regem.

— Entendo, minha senhora.

— Folgo ainda mais em saber que você já sabe como proceder e me sinto bem mais descontraída quanto à minha sinuosidade.

— Já estou sentindo isso no seu modo de comunicar-se comigo. Até acredito que, em breve, estará se comunicando de forma reta, de tão descontraída que estará se sentindo.

— E quanto ao fato de eu folgar-me cada vez mais?

— Creio que faz parte do próprio processo de descontração, sabe, minha senhora?

— Ainda não sei não. Mas só saberei se você me explicar todo esse processo humano, certo?

— Só depois de ter certeza de que não tenho com o que me preocupar quando eu for solucionar problemas enormes e de magnitudes inimagináveis. Afinal, ainda sou só um guardião novo e um jovem Aprendiz Sete.

— E de fácil adaptabilidade, não?

— Isso também, minha senhora.

— Aprendiz da minha sinuosidade descontraída e folgada, saiba que mecanismos muito delicados existentes no mental dos espíritos humanos, se devidamente conhecidos e controlados, tornam vocês seres muito especiais, polivalentes mesmo, porque se adaptam a qualquer espécie de mistério gerador e a mistérios geradores de qualquer espécie.

— Isso eu já desconfiava, minha senhora.

— Mas não tinha certeza, não é mesmo?

— É verdade. Agora, e quando esses mecanismos delicados são ativados indevidamente e por alguém que desconhece suas funcionalidades e não sabe como desativá-los naturalmente a partir de si mesmo?

— Aí esses mecanismos se transformam em tormentos descomunais e incontroláveis, que acabam tornando um inferno a vida de quem os ativou indevidamente e sem nenhum conhecimento.

— Tormentos descomunais e incontroláveis que tornam um inferno a vida de quem os ativou, certo?

— Isso mesmo, meu jovem guardião Aprendiz Sete.

— Preciso conhecer esses mecanismos delicados e como ativá-los e desativá-los naturalmente para que eles não fujam do meu controle.

— Este é um conhecimento oculto que só deve ser passado de mestre... ou melhor, de mestra para discípulo em locais hermeticamente fechados, meu jovem guardião aprendiz!

— Eu conheço um local assim, minha senhora mestra dos mistérios mais ocultos.

— Também conheço um local assim, meu mais jovem guardião aprendiz.

— A qual deles devemos ir?

— A mestra confia no discípulo a ponto de revelar-lhe segredos ocultadíssimos, mas precisa estar num local que lhe seja familiar, pois, caso o discípulo não entenda tudo corretamente na primeira lição, poderá repeti-la quantas vezes for necessário até ele ter aprendido. Mas também, caso ele lhe escape do controle, ela poderá subjugá-lo até que venha a reassumi-lo novamente.

— Já estou sabendo, minha precavida senhora. Imagino que mestras inconsequentes tenham deixado à solta e totalmente fora de controle alguns dos seus discípulos, certo?

— Não foram só as mestras inconsequentes que deixaram isso acontecer.

— Não foram só elas?

— Não mesmo. Mestras insatisfeitas com os seus discípulos e cansadas deles acabaram abandonando-os à própria sorte e sina. E isso, quando não foram exauridas por eles, porque eles fugiram aos seus controles.

— Agora entendendo uma parte da magnitude do problema que terei de solucionar.

— No meu centro-neutro mais interno, poderei lhe revelar a parte que ainda desconhece, meu promissor e jovem guardião Aprendiz Sete.

— Como faço para acessar esse seu centro-neutro mais interno, minha senhora?

— Eu lhe ensino tudo de agora em diante e até que conheça todos os mecanismos e como ativá-los e desativá-los muito naturalmente sempre que você quiser, desejar ou precisar deles ativos.

— Se a mestra confia tanto no discípulo, nada mais justo que ele deixá-la conduzi-lo. Conduza-me, minha mestra, nos mistérios mais ocultos e secretos da vida!

— Outro guardião e aprendiz mais confiável eu não vi antes. Venha que eu o conduzo ao meu centro-neutro mais interno.

O fato é que fui, e ela foi me revelando quais eram esses mecanismos mentais delicadíssimos e como devia fazer para ativá-los e desativá-los naturalmente e sempre de forma controlada. Como eu aprendia tudo na primeira vez que ela me ensinava, e ela fazia questão de comprovar mais vezes se eu dominava mesmo aqueles secretíssimos mecanismos, acabei me demorando um pouco mais do que devia. E ofereceu-se para ser minha guia e meio para eu acessar o enorme problema que estava à espera de uma solução satisfatória, muito satisfatória.

E quando a solução foi dada, uma sucessão de mecanismos começaram a ser desativados ou reativados em muitos lugares e planos da vida, devolvendo o equilíbrio a eles e a satisfação energética e emocional aos seres que neles viviam e evoluíam.

Machos hiperpotencializados retornaram às suas formas anteriores, e os despontencializados fortaleceram também, retornando às suas formas anteriores. E o mesmo aconteceu com as fendas muito estimuladas e com as desestimuladas.

O que posso dizer é que, ao todo, trinta e três planos minerais da vida foram beneficiados de uma só vez por uma ação de magnitude indescritível.

Descobri também que certos mecanismos, antes desconhecidos por mim, mas em mim existentes, se corretamente ativados e se desativados naturalmente quando cumpriam suas funções, facilitavam minha atuação como Guardião da Lei e da Vida e sustentador dela junto a muitas mães ancestrais daqueles reinos minerais.

De cada regente dos mistérios guardados e sustentados pelo meu, ganhei uma pedra preciosíssima, igual em tudo às incrustadas no cabo daquela espada trilaminar. E quando as coloquei perto das outras, uma a uma e naturalmente, todas entraram nas suas correspondentes ali incrustadas. E, no instante seguinte, a espada iluminou-se toda e começou a irradiar forte pelas suas três lâminas.

O brilho dela tornou-se tão intenso que ofuscou meus olhos humanos. Então recorri à minha visão divina e vi que o brilho era, em si mesmo, um portal, ao qual adentrei e só saí quando o meu pai e meu senhor Ogum de Lei cobriu-me com sua irradiação viva, distinguiu-me com a posse daquela espada simbolizadora de um dos seus muitos mistérios e honrou-me com a guarda e a sustentação daqueles trinta e três planos minerais da vida, aos quais guardo até hoje, e guardarei para sempre, se esta for a vontade do meu Senhor, meu Pai e meu divino Criador.

Afinal, na escola de guardiões, à qual estou agregado como guardião humano da Lei e da Vida, sou chamado de Guardião Sete, o mistério humano do meu pai e senhor Ogum.

Sim, eu retornei até a sala de armas e apresentei-me ao meu mestre-armeiro, que logo me perguntou:

— O que faz aqui com esta espada cuja guarda lhe foi confiada pelo nosso pai e senhor Ogum de Lei?

— Bom, o senhor pediu-me para apresentar-me quando tivesse decifrando e dominado o mistério dela, não?

— Eu disse, sim.

— Então...

— Então eu pergunto, pois o lugar desta espada é na sua cintura, e oculta de olhos não preparados para vê-la.

— Eu... está certo, meu senhor.

— Como foi nos combates mentais com seus adversários e opostos, Aprendiz Sete?

— Adversários mesmo, não encontrei nenhum que opusesse qualquer reação. Logo, não os classifiquei como tais e, sim, como irmãos desequilibrados, aos quais reequilibrei.

— E quanto aos opostos?

— Bom, aí é mais complicado, sabe?

— Explique-se, Aprendiz Sete!

— Bom, eu não derrotei a nenhuma, mas que coloquei todas para dormir, isso coloquei.

— Ótimo! Um bom guardião não derrota um oposto ao seu mistério, ainda mais se é do sexo oposto.

— Isso eu já sei, meu senhor.

— Então está dispensado, guardião Aprendiz Sete. Apresente-se ao seu mestre-instrutor na amurada oeste, que ele está à sua espera.

— Sim, senhor. Com sua licença, meu mestre de armas.

— Pode se retirar, guardião de segundo grau, Aprendiz Sete.

— Meu senhor, posso perguntar qual é o seu grau?

— Você já perguntou, não?

— Não, eu só perguntei se podia perguntar, meu senhor.

— Está certo. Sou um guardião de grau trinta e três. E antes que você me pergunte, digo-lhe que seu mestre-instrutor é um guardião de grau setenta e sete.

— Ótimo!

— Ótimo por quê?

— Estou bem servido de mestres-instrutores, oras!

— É... você está sim. Só esperamos que nunca nos decepcione senão...

— Terão de me executar segundo a lei que rege o mistério guardião, certo?

— Isso também. Mas eu ia dizer que decepcionará as suas senhoras e aos seus Senhores Divinos, que têm confiado em você e facilitado as coisas por causa desse seu mistério divino, tão raro e tão incompreendido pelos seus irmãos humanos, que confundem sexualidade com comportamento libidinoso e confundem a guarda de um mistério com a posse dele para uso próprio e exclusivo. Eles serão teus reais e verdadeiros adversários... e inimigos mortais, filho humano do pai gerador da vida. Prepare-se para quando vier o tempo de combatê-los porque, ou você os derrota e os executa segundo as Leis da Vida que regem o seu mistério, ou eles o derrotarão e o executarão segundo as leis invertidas que vivem a criar para justificar seus desvios de conduta que sempre os conduzem à margem da vida, da verdadeira vida, onde ninguém é dono de ninguém, mas todos são irmãos e filhos do mesmo mistério gerador e sustentador da vida, denominado por você de Deus. Prepare-se, porque esse tempo chegará, guardião de segundo grau, Aprendiz Sete!

— Eu me prepararei, meu senhor. Com sua licença.

No instante seguinte, eu estava ao lado do meu mestre-instrutor, que me falou:

— Aprendiz Sete, parabéns por seu novo grau.

— Obrigado, meu senhor.

— Você já tem muitos domínios sob sua guarda e amparo, não?

— Tenho sim, meu senhor.

— Então está na hora de escolher um local nesta amurada, o seu posto de vigia, e manterá vigilância permanente sobre eles.

— O senhor disse vigilância permanente, meu senhor?

— Disse, sim. O nosso Senhor espera que estejamos sempre a postos para socorrermos aqueles que precisam de nosso auxílio.

— Quer dizer que não sairei mais daqui desta amurada?

— Isso mesmo.

— Mas, e quanto aos domínios, como faço para atender a alguma solicitação?

— Irá recorrer o tempo todo às passagens atemporais.

— Sim, senhor. Mas eu gostaria de estudar alguns assuntos que vi comentados em livros na biblioteca, meu senhor.

— Vá até lá e use de um dos seus recursos divinos para retirar de uma só vez uma cópia de cada um dos livros ali existentes. Com isso feito, quando você terminar alguma missão fora desta escola, estude quantos assuntos quiser, mas retorne no mesmo instante em que partiu, para que o nosso Senhor Ogum nunca deixe de vê-lo aqui, em seu posto de vigilância dos domínios dele confiados a você.

— Sim, senhor. Volto num piscar de olhos!

Pouco depois, já de volta ao meu posto de vigia, meu mestre começou a falar e a instruir-me sobre meus deveres de Guardião da Lei e da Vida.

Em alguns momentos ele se calava para que eu desse vazão ao meu pranto sentido. E foram muitas as vezes em que interrompi sua fala ou suas instruções.

Por fim, ele falou-me:

— Aprendiz Sete, até seu ciclo evolucionista humano não passou de uma saída sua desta egrégia escola para ir até a dimensão humana da vida e desenvolver o seu mistério humano. Você saiu daqui por uma passagem atemporal que nos conduz a ela e retornou no mesmo instante em que partiu.

— Como isto é possível?

— Saiba que, daqui, podemos acessar todas as dimensões da vida ao mesmo tempo. Só que, quando nos deslocamos para uma delas por meio de uma passagem atemporal, se podemos retornar no mesmo instante em que partimos para realizar uma missão, se no instante seguinte retornarmos ao mesmo local e pela mesma passagem, sairemos nele no mesmo instante que o havíamos deixado para retornarmos até nosso posto de guarda.

— Como isto acontece, meu senhor?

— Esse é um privilégio do Mistério Guardião, que nos rege e ampara e regula nossos deslocamentos dimensionais porque, em verdade, nunca saímos daqui e nunca estamos aqui totalmente, já que o nosso mental está incorporando toda a evolução que acontece nos domínios colocados sob nossa guarda.

— Esta escola está situada numa dimensão atemporal, meu senhor?

— Está sim, Aprendiz Sete. Se daqui nunca saímos, é porque estamos em todos os domínios guardados por nós o tempo todo, e aqui nunca estamos realmente.

— Entendo, meu senhor.

— Saiba que esta dimensão atemporal é o âmago do mistério Guardião e é nela que estão localizadas todas as escolas de guardiões regidas pelos vinte e um senhores Oguns. Chegará um momento em que você estará agregado a todas elas ao mesmo tempo e servindo os mistérios de todos eles ao mesmo tempo.

— Isso é possível, meu senhor?

— É sim. Eu sirvo a todos eles e estou o tempo todo em todas as escolas regidas por eles.

— Isso é fantástico, meu senhor.

— Isso é divino, Aprendiz Sete!

— É sim, meu senhor.

— Você ficou triste porque eu disse que seu livre-arbítrio havia deixado de existir, não?

— Fiquei sim, meu senhor.

— Saiba que o nosso divino Criador só o concede aos seres em evolução e que se agregam aos mistérios da dimensão onde evoluíram. Eles, se partirem dela para algum aprendizado, quando retornam, o tempo passou realmente.

Mas, para nós, os que retornamos ao âmago do nosso mistério guardião, o livre-arbítrio não existe porque foi substituído pelo nosso direito de deslocamento total e permanente em todos os domínios colocados sob nossa guarda e amparo.

— Minha consciência e entendimento humanos tornam difícil a compreensão desse mistério divino.

— Você abriu seu mistério humano e humanizou seus mistérios. Então, agora, isto lhe é de difícil entendimento. Mas logo mais você entenderá os mecanismos dele e, sem deixar de ser como agora é, no entanto, o mesmo já não será.

— Por que será assim, meu senhor?

— Bom, você viverá tanto em outras dimensões da vida e aprenderá tanto sobre elas, e voltará até esta no momento em que partiu, que a cada momento sentirá que está mudando intimamente.

— Já senti isso, quando retornei do hospital onde fui curado dos estragos causados em meu espírito pela Selenita.

— Eu o levei até ele por meio de uma passagem atemporal. E você só não voltou no mesmo instante que parti com você em meus braços porque retornou até aqui através de uma de suas passagens temporais.

Você saiu através de uma passagem minha e retornou através de uma sua. Como existe uma diferença magnética e vibratória entre nós, seus deslocamentos de saída ou de retorno são diferentes e o seu é mais lento que o meu.

— Entendo.

— Só isto e os momentos em que nos deslocamos dentro desta escola será notado por nós como fenômenos do tempo.

— Entendo isso também, meu senhor.

— Então não se entristeça e alegre-se, porque o nosso Senhor abriu para você uma vida tão intensa que, sem sair daqui realmente, você vivenciará muitas vidas ao mesmo tempo. E chegará um momento em que estará vivenciando tudo ao mesmo tempo.

— Eu já não estou triste, meu senhor.

— Então sorria, Aprendiz Sete. Sorria porque a vida é Deus e está em todos os lugares o tempo todo. Sorria de alegria, satisfação e felicidade, porque ao guardar e sustentar as mães da vida e seus domínios, você está guardando Deus, que tanto é o Criador como é a criação. Sorria, porque Ele está na sua criação e está em você. Logo, você, ao guardá-Lo e à Sua criação, está guardando a si mesmo e ao Deus que se manifesta através desse seu grau de guardião e através desse seu mistério sustentador da vida, que é Deus! Sorria de alegria, satisfação e felicidade, pois só assim o Deus que habita em seu íntimo e exterioriza-se através de você exteriorizará alegria, satisfação e felicidade por se ver em você como o que Ele realmente é: alegria, satisfação e felicidade! Sorria, porque, ao vê-lo sorrindo alegre, feliz e satisfeito, as mães da vida sustentadas por você e pelo seu mistério verão em você, um Filho do Pai, o pai de todos os filhos delas. E lhe sorrirão alegres, felizes e satisfeitas porque verão em você uma exteriorização do Pai de todos os filhos. Sorria de alegria, satisfação e felicidade, porque Deus está em nosso pai Ogum, e Ogum é uma exteriorização do nosso Pai que, neste momento, sorri-lhe alegre, satisfeito e feliz, filho do pai Ogum!

E eu sorri de alegria, satisfação e felicidade por ser filho do meu pai Ogum, que é filho do meu divino criador e senhor meu Pai e meu gerador!